广东省宣传文化发展专项资金项目

海上丝绸之路青少年科普丛书

导航扬帆

丛书顾问　刘迎胜　陈佳荣　朱鉴秋
丛书主编　王元林
本书编著　顿　贺

SPM 南方出版传媒
广东科技出版社｜全国优秀出版社

《海上丝路之导航扬帆》创作团队

丛书顾问

刘迎胜

陈佳荣

朱鉴秋

丛书主编

王元林

本书编著

顿　贺

目录

导航——“海上丝绸之路”的技术保障

人类最初走向海洋，不仅仅是为大海的壮丽所吸引，主要还是海中有大量渔捞资源可以饱腹。因此，最早的即使是迁徙，也是沿岸航行。而随着航海经验的不断丰富和导航技术的不断进步，人类逐渐走向远洋。

油画广船，典型的蝴蝶帆

宋代，指南针用于导航开启了航海的新时代，促进了“海上丝绸之路”的航路开辟及海外贸易的更大发展，造就了明代郑和七下西洋的历史辉煌。

美国科技史学者坦普尔说：“如果没有从中国引进船尾舵、指南针、多重桅杆等先进航海技术和导航的技术，欧洲绝不会有导致地理大发现的航行，哥伦布也不可能远航到美洲，欧洲人也就不可能建立那些殖民帝国。”

世界科技史专家英国的李约瑟博士写到：“中国人在航海技术上的发明,随处可见……而他们的航海舰队，在1100年至1405年之间，肯定是全世界最伟大的。”

“世界受惠于东亚，特别是受惠于中国。”

明代《南都繁会图卷》（局部）描绘的南京繁华景象

海路开辟和对外贸易的发展，不但扩大了中国人的视野，更促进了内各行业的发展，使市场繁荣，国人受益。明代《南都繁会图卷》描绘

南京市场繁荣的景象，画面上呈现多个条幅和招牌，上书“东西两洋货物俱全”等大字。

正東
正西

从近海走向远洋

中国古代四大优秀船型

俗话说“工欲善其事，必先利其器”，虽然说“有水就能行船”，但是不同水域用不同的船型，可收到“事半功倍”的效果。

广东圆尾船

古代海域，把长江口以北称北洋，长江口以南称南洋，文莱往西称西洋，文莱以东称东洋，清代屈大均《广东新语》又说：“从广州五虎门而出，水皆曰洋，在东为东洋，西为西洋。”不同海域，中国的造船师和航海家发明、使用了中国古代四大优秀船型，这就是广船、福船、沙船和浙船。

1. 广船

指广东地区的海船。广东最早开启了“海上丝绸之路”，广州作为中国主要的国际贸易海港，一直延续到近代。广船的地位不可小视。

秦汉之际，一些吴人越人南迁到广东、福建地区。越人善造舟楫，“以舟楫为舆马”，把先进的造船技术带到了岭南百越。由于广东与福建接壤，潮汕地区的广船更带有福船特点，如白艚船，乃“福船制式”。而“乌艚”船则属福建船式样，使用的建造材料却是广东船用的硬木。粤东的“包帆”船则同时具备福船和广船的特征。

广东面对礁石密布的南中国海，加之潮涨潮落，水位落差大，为了减少船舶的损坏，早期的船用铁力木建造，后来铁力木资源奇缺，改用其他硬木，一直延续至今。广船的船体有突出的龙骨（即尖底船的底骨），尖首，中后部呈U形或浅勺形。在粤中、粤南，船尾体逐渐收拢、上翘，船有开尾船和圆尾船。据说一次正赶上鱼汛，不小心把一圆尾船的船尾撞坏，结果发现对船

广东开尾船（模型）

深圳现代有舭龙骨的渔船

的结构、性能，基本没有影响，而开尾的尾部施工容易得多，故广船就出现了开尾船，广东话称“开美船”。

广船取“鱼盐之利”，力争多载货以获得最大的经济效益，故船的底部不像福船那么尖，龙骨凸出底部较多。广船有的设大欙，有的则用加宽加厚的舷侧顶板。广船用大扇形帆，桅杆短而粗，用硬木不用杉木。设稳索，圆尾船左右共设6根稳索，开尾船左右共设4根稳索。

捕捞作业中的广船

广船的舭部大多设有舭龙骨（文献称“梗水木”，广东称其为“水翼”），舭龙骨长度≤1/3船长，用于减小船的横摇。

由于U形或浅勺形这样的线型在波浪中航行易产生横摇，即明代文献所指的“在里海则稳，在外海则动摇”。因此，除设舭龙骨外，广船在船的中前部位还设置了中插板，用以抗摇摆。广东把中插板称“插”，设在船的中前部约总长的1/3处。直航时可增强航向稳定性，转弯时可增大转船力矩，在抛锚泊船时有时也放下中插板用以制动。当然中插板对抗漂也有利。因为“中插板”实际位于中前，故有的地区直接称其为“头插”。

行船不怕水深，就怕水浅，南中国海潮汐落差大，故广船必须考虑浅水航行时船舶操纵的可靠性，广船舵的展弦比（舵叶的高度除以宽度之值）小，有的甚至接近于1，舵面积大，就是为了照顾到浅水航行。展弦比小、舵面积大的舵，使转舵时所需力矩增大，因此广东又发明了开孔舵。广船的舵是可升降的，能满足不同水深的操纵性要求。

大兵船

这艘大兵船，帆是广东式，主体和舵（开孔舵）也是广东式，尖首，圆尾。有风用帆，无风用橹。

2. **福船**

福建地区建造的船统称福船。南洋水深，风大浪高，故福船尖底，横剖线呈V形，适合破深水大浪。《明史·兵制四》曰："福船耐风涛。"福船底尖、面阔，有粗大的龙骨。大型福船船首有老虎口，舷侧设2～4道大欂，船尾呈马蹄形，帆为扇形，外板为单板结构或重板结构、板缝有搭接和对接。

9桅12帆的大宝船（模型）

福船是远洋航海之利器。明代郑和七下西洋，每次用船200余艘，基本是福船。

福建渔船（模型）

泉州海外交通史博物馆前复原的宋代福船

3. 沙船

沙船平头、平底、方尾，俗称“方艄”，两舷设披水板，帆多为矩形帆，舵的展弦比比福船、浙船的小。海船中的沙船主要用于北方航线，它起始于嘉定、崇明、太仓、常熟、南京一带。

由于沙船平底，万一搁浅“无大奈”。北洋的海浪为“滚塗浪”，所谓滚塗浪，即呈直线或弧线状的涌浪，涌浪使平底沙船易产生漂移，故沙船设披水板以抗漂。明代郑若曾的《筹海图编》说沙船“在直隶、太仓、崇明、嘉定有之”，“沙船能调戗使斗风，然惟便于北洋，而不便于南洋。北洋浅，南洋深也。沙船底平不能破深水之大浪也。北洋有滚塗浪，福船、苍山船底尖，最畏此浪，沙船却不畏此”。明代茅元仪的《武备志》和王鸣鹤的《登坛必究》，也有相同记载。

古代，沙船主要航行于中国长江口以北的沿海，也跑远洋，多航行于去朝鲜半岛、日本的航线。沙船虽然更适合于北洋航线，但也并不是完全绝对，明永乐时的北直隶船也到过菲律宾。

5桅沙船（模型，薛祥娜制作）

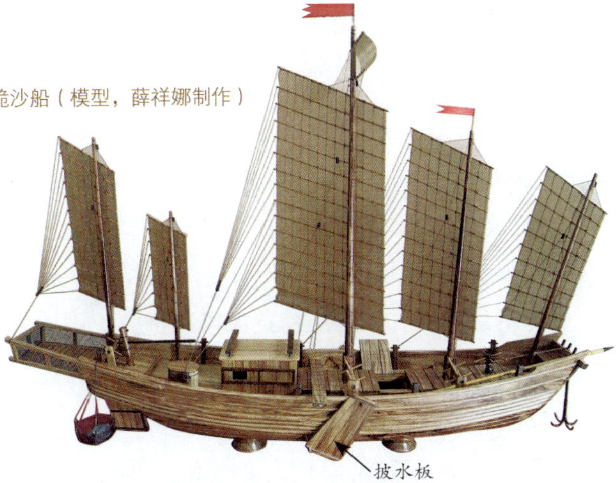

4. 浙船

浙江地处南北洋交会区域，北洋水浅，多沙滩易搁浅；南洋水深，风大浪高，故浙船船底前尖后平（略呈U形），既能破浪，也不畏搁浅，还可多装货物。浙

舟山现代木帆船

浙江绍兴船

船可用于南北航线，南来北往。蓬莱出土的1号和2号古船以及今天能看到的舟山一带的绿眉毛船，都是典型的浙船船型。

出海前求平安

人类最初走向海洋，不仅仅是为大海的壮丽所吸引，主要还是海中有大量渔捞资源可以饱腹。因此，最早的即使是迁徙，也是沿岸航行。附近山峦、村庄、城堡、河口就成了路标、参照物。

然而，天有不测风云，大海变化无常，海水也有

喜怒哀乐，广阔的海洋，一会晴空万里，一会可能阴云密布，如锅盖似的黑云压顶，顷刻暴雨倾盆。当船离岸较远，又遭遇风云突变，或迷失方向，或返航人力不支，只有在风吹浪打之中任舟船漂流，鬼使神差到了某处陌生的地方。

当年，高僧鉴真和尚到日本传播佛法乘船出海，前后历经六次，第六次才成功到达日本，前五次中有一次从长江口出发，遇风，结果船却漂到海南岛去了，可见海风是多么厉害。

随着漂泊，于是有人到了新的岛屿、新的陆地，出现了最早期的无目的地的跨海航行，这大概就是“漂洋过海”用语的由来。以后人开船走多了，也就有了海路，形成了跨海航线。

即使在科学技术飞速发展的今天，人们还不能百分之百地驾驭海洋，大海还有许多未解之谜，如“百慕大”诸多的沉船事故，至今人们还是猜来猜去。

在科学技术不发达的古代，人们把所有的不幸，都归结为对海神的不敬。因此说吉利话，不做犯忌讳的

天妃娘娘大殿

郑和下西洋经福建时的行香碑

祭海求平安

事，敬海神的习俗便保留至今。

过去，帆船要出海，要请风水先生看黄历，选黄道吉日，有许多讲究。如在闽南，农历七月十五是“中元节”，这天是不能出海的。

起航前，有隆重的祭祀仪式。明代陈侃出使琉球，所造封舟“二十五日出坞——坞即造船之所，亦设祭”。船要出发啦，树桅杆，张帆，起锚，“其间若竖桅，若浮水，若治索，皆有祭，行祭礼皆如初”。

出发前，要备香案，对尊神烧香、磕头，摆上酒、肉、茶、果品、点心，虔诚地磕头祭拜。

船民信奉的神，各地并不相同。关公、岳飞、刘猛（太湖流域）、观音菩萨、海神、何王（广东阳江）、天妃娘娘（妈祖）都成了信奉的海神。其中拜天妃娘娘的范围最广，各地都有妈祖庙（有的叫“天妃宫”“天后宫”，北方老百姓更喜欢称其为“娘娘庙”），基本遍及从南到北的中国沿海，并传播到东南亚，已经形成了妈祖文化圈。以郑和下西洋为例，南京、太仓、福建长乐等地都建有天妃宫，船出发前都要上香。

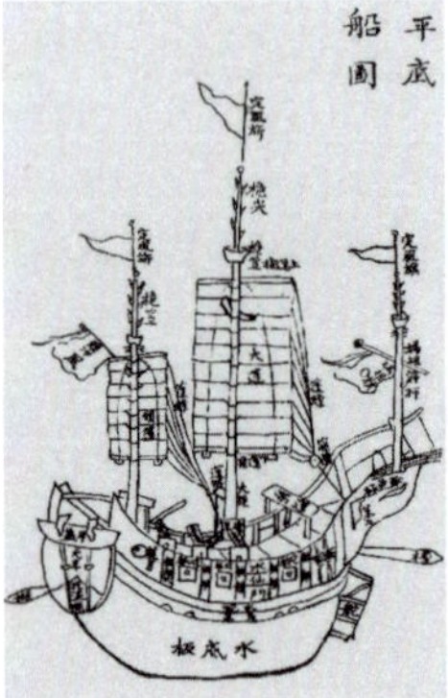

清代《闽省水师各标镇协营战哨船图说》中平底船悬挂妈祖旗

航行中有习俗

官船、大货船、军船在船尾部多设有专门供奉妈祖的房间，称“神堂”或“圣母堂”。神堂内有妈祖神龛，摆上供品，香火不断。如明代出使琉球的册封舟等。

内河船船尾室内也多设有神龛，山东菏泽出土了一艘元代运河船，船尾发现了青石雕塑的神像和小碑。

大官船、货船设有专职烧香的人员，有的地区称“香公”。清代黄叔璥的《台海使槎录》说清代货船“香公一名，朝夕焚香楮祀神”，香公专门负责供奉妈祖的香火，日夜不断，船主也每天跪拜。有的船，还在船尾甲板上方挂有“妈祖旗”，如清代的“花座官船”等。

关于妈祖、海神救船脱险的传说在民间有很多。

南京出土的铜鎏金妈祖像

随菏泽元代古船出土的神牌位

山东菏泽出土的古船上的降龙罗汉石雕像

清代黄宗汉等《浙江海运全案》中沙船标出“圣母堂”

描写元代妈祖显灵救人救船的绘画

此外，官方船远航，有的还有到寺庙祈风的仪式，祈求神灵保佑，期盼能够有风且是顺风，以便一帆风顺。右图是记载祈风的碑刻。

望天空顶礼膜拜也罢，给神灵烧香磕头也罢，拜祭海神表达了航海者祈求出海平安顺利的心愿。

祈风石刻（中国港口博物馆藏）

观云视天很重要

船在海上航行，了解天气至关重要。人们懂得光靠风水先生预言还不够，在长期的航海实践中，航海者又积累了丰富的天气预测经验。

北宋沈括的《梦溪笔谈》说："大凡夏月风景须作于午后，欲行船者，五鼓初起，视星月明洁，四际至地，皆无云气，便可行，至于巳时即止，如此无复与暴风遇矣。"

有经验的船长是"早看东南，晚看西北"。早上是选太阳刚刚出来之时，晚上是选太阳将要落之际观察预测天气。

对于天气，中国民间有许多谚语，如"东虹日头西虹雨"，是说东方出现彩虹是晴天，西方出现彩虹则要下雨。"天上云赶羊，地下雨不强"，是说天空

乌头风

白头雨

日落射脚，3天内有雨

东虹日头西虹雨

天上铁砧云，地上雨淋淋

朝起红霞晚落雨，晚起红霞晒死鱼

出现的云朵像被赶的羊群一样移动时，地上雨不大。还有“云发白，大雨来；云发黄，风更狂” 等诸多民谚。

各地依据地理气候特点，总结出许多预测天气的方法。在广东省电白县渔民看第二天能否出海，是在头一天晚上太阳快要落山之际，观察天际的云层，判断第二天天气的好坏。他们还可以看捞上的鱼肚子内的食物判断，如果鱼肚内是小鱼小虾，预示第二天是好天气，如果鱼肚内多泥沙，第二天天气不好，不要出海。在台湾地区，据说有种植物叫“识风草”，如果识风草无节，则说明一年无台风，识风草有节，则一节一次台风，多节则多次台风。台湾还有谚语“六月一雷止三台，七月一雷九台来”。

船家看天相，如果天边先看到一片云如破了的帆（叫“破帆梢”），说明飓风将到；有断虹，说明飓风马上就到，苏叔党的《飓风赋》称其为“断霓（ní）饮海”。飓风不会四面同时出现。在台湾地区，如北台风，必转而东，东而南，南而转西，或一日，或三日、五日、七日。

郑和船队乘风破浪远航（张嘉墉先生绘）

船遇狂风暴雨，最易出事。明代出使琉球，有时船遇险差点全船人葬身大海，就是因为遇上了狂风巨浪的恶劣海况。明代著作《顺风相送·逐月恶风法》说：“春夏二季必有大风，若天色湿热，其午后或云起，或雷声，必有暴风，风急，宜避之。秋冬虽无暴风，每日行船，先观四方天色明净，五更初解缆，至辰时以来，天色不变。若有微风，不闻顺不顺，行船无妨。云从东起必有东风，南北亦然。云片片相逐围绕日光，主有风。云行急主大风。每遇日入，夜观于四方之上，若有星摇动，主大风。人头颊热，灯火焰明，禽鸟翻飞，鸢飞冲天，俱主大风。”这里总结的是风信。

观闪电避雷雨

对于航海，雷雨天不是好事，古今船舶都须注意防雷，避免雷暴天气出海。

有闪电必有雷，有雷多有雨。古籍《顺风相送》把雷雨天的规律编成顺口溜，便于行船人记忆，如四季电歌：“春天电相对，夏电左右推，秋从电下来，冬电就其吹。”四方电候歌：“东电长江水，西电日上红，南电雨如雷，北电南方吹。”这些都是前人宝贵经验的总结。

船桅杆顶部的避雷针

竖雷雨小

横雷雨大

掌握季风规律

不同的季节风刮的方向不同，这就是季风，中国很早就掌握了季风规律。东汉至唐初，日本来中国的遣唐使船是沿岸航行，朝行夜泊，后来因与朝鲜半岛的新罗关系紧张，只好跨海航行，由于对季风规律不了解，

航行中的广船

加上造船水平差，来往的遣唐使船常常出事，有不少人丧身。哥伦布船队本来是想到中国和印度淘金，结果从西班牙出发，没跑多远，误以为到了印度，其实却是到了美洲，分析可能是哥伦布船队没有掌握季风的规律。

海浪较平和，风虽大，海船顺风航行，如鲲鹏展翅。中国人与要远行的亲朋好友告别时，最喜欢、最习惯用的一句话是“祝一帆风顺”！其实这句常用语来自于中国的航海。无论是刚造好的木帆船还是刚维修好的木帆船，人们都喜欢在船上贴有“顺风顺水”“一帆风顺”的大红对联，或写上“顺风得利”的大字。如今，木船已经以机器为动力，不再挂帆，人们还是习惯在船上贴上这样的对联，完全是美好的心愿。许多船航行时还挂上“顺风旗”或“一帆风顺”旗。

广船张开蝴蝶帆

广东人称帆为幔，遇到顺风，船帆一左一右张

挂，如蝴蝶展翅，称为“鸳鸯双鲤”，即常说的“蝴蝶帆”，船行如奔驰的骏马，看上去也很漂亮。

航海时，要充分利用季风，顺风航行。郑和七下西洋，船只先到江苏太仓，再到福建长乐，然后等待，等什么呢？一是等部分船只、人员和要带的物资，再就是等待季风的到来。郑和船队出发和返回时间都很有规律。利用季风，既能顺风顺航，又尽可能躲开了危险。

观风向估风力

知道风向是很重要的。以船行台湾岛为例，在台湾“惟台地早东风，午西风，名曰发海西，四时皆然。船出鹿耳门，必得东风，方可扬帆；澎湖来船，必俟（si）西风，才可进港”。大海喜怒无常，船出海，就怕遇上风云突变，而此种海况，又不可避免，故需观风。

古船或在船尾悬挂顺风旗，或以三根雉尾（军船才有）悬于桅杆之上，根据旗、雉尾飘动的方向可知风从何方来。而船上观察风向用得最多的是“五两”，俗

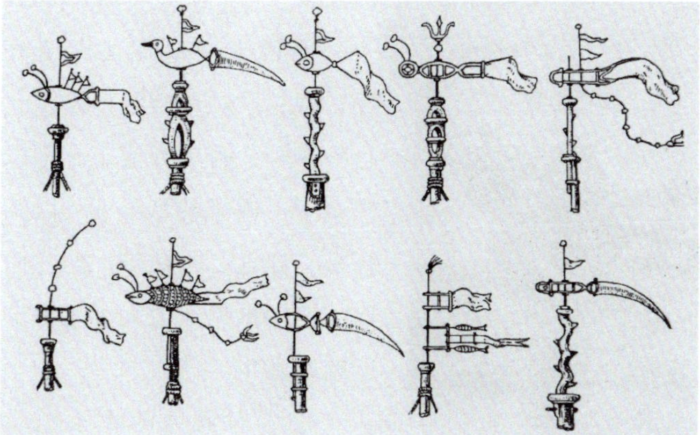

观风向装置“五两”部分样式

称“风向鱼”。五两造型各异，但功能相同。

五两源于汉武帝时的建章宫，相传建章宫是汉武帝为宠妃赵飞燕建造的寝宫，宫殿顶部有相风铜雀，把它用在船上称为“五两”。《文选·郭璞·江赋》有“觇（can）五两之动静”。《兵书》说：“凡候风法，以鸡毛重八两，建五丈旗，取羽系其巅，立军营中。”《淮南子》也说：“綄（huan），候风也，楚人谓之五两也，綄音桓。”《宣和奉使高丽图经》也有记载：“立杆以鸟羽候风所向，谓之五两。”“大得难得正风，故布帆之用，不若利篷。”

唐代李白在《送崔氏昆弟之金陵》诗有：“水客弄归棹（zhao），云帆卷轻霜，扁舟敬亭下，五两先飘扬。”

清代水师战舰主桅上的五两

知道了风向，还需知道风力大小。古代海船航行主要靠风力，所谓“海舟无风不可动也”。对于大中型的海船而言，橹和桨则是配置的辅助设备。

明代宋应星在《天工开物》说：“顺风则绝顶张篷，行疾奔马，若风力洊至，则以次减下，遇风鼓急不下，以钩搭扯，狂甚，则只带一两叶而已。”即根据风力大小来决定船帆升多少。

古人对风力的大小也有估计，即现代所说的几级风，

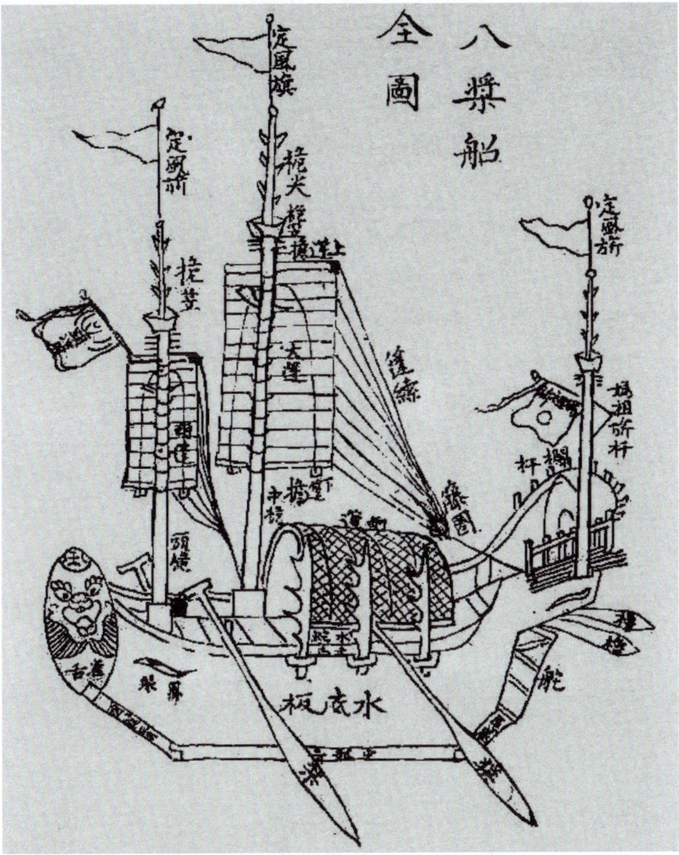

清代水师八桨船的“定风旗”也有观风向的作用

但古代没分得那么细。在长期的航海实践中，积累了不少的宝贵经验：一是听风刮过时的呼啸声；二是听风吹旗子摆动的猎猎声；三是看海面海水泛起的浪花。据一位驾驶过50多年海船的老船长介绍：海面平静，无白浪花，风1～3级；海面出现一定量的白浪花，风4～5级；海面出现大面积白浪花，风5～6级；7～8级不但白浪花布满，且海浪有了一定高度；9～10级风浪就大多了。木船一般多能抗8级风，但台风袭来时，就需就近寻找港湾避风。

12级风级表

级别	风级标准说明
0级	无风，烟柱上冲，水面平如镜
1级	软风，弱而无力，烟随风去，树叶微动
2级	轻风，人有感觉，树有微响，旌旗始动
3级	微风，细枝摇动，稻谷摇动，旌旗展开
4级	和风，树枝弯动，灰尘四起，纸飘空中
5级	劲风，小树摇动，塘河起波，庄稼起伏
6级	强风，电线有声，撑伞难行，大树枝动
7级	疾风，迎风步行不便，全树摇动，大树枝弯
8级	大风，阻力甚大，小枝折断，江河浪猛
9级	烈风，吹坏烟囱，小屋受损，瓦片移动
10级	狂风，行人吹跑，逆风难行，树木吹倒
11级	暴风，破坏严重
12级	飓风，摧毁极大

清代外销画捕盗米艇（广船）

地面风力及蒲氏17级风级表（高出空旷地面10米处之标准高度）

蒲氏风级	名称	波浪	浪高（米）	高出地面10米处的平均风速				风级标准说明		
				米/秒	千米/时	海里/时	英里/时	陆地情形	海面情形	海岸情形
0	无风	—	—	0 ~ 0.2	<1	<1	<1	静，烟直上	海面如镜	风静
1	软风	—	—	0.3 ~ 1.5	1 ~ 5	1 ~ 3	1 ~ 3	炊烟能表示风向，风标不动	海面生鳞状波纹、波峰无泡沫	渔舟正可操舵
2	轻风	—	0.2 ~ 0.3	1.6 ~ 3.3	6 ~ 11	4 ~ 6	4 ~ 7	风拂面有感觉，树叶有声，普通风标转动	微波，波峰光滑而不破裂	渔舟张帆时速度为每小时1 ~ 2英里
3	微风	小波	0.6 ~ 1	3.4 ~ 5.4	12 ~ 19	7 ~ 10	8 ~ 12	树叶及小枝动摇，旌旗招展	小波，波峰开始破裂泡沫如珠，波峰偶泛白沫	渔舟渐觉倾侧进行，速度为每小时3 ~ 4英里
4	和风	轻浪	1 ~ 1.5	5.5 ~ 7.9	20 ~ 28	11 ~ 16	13 ~ 18	地面扬尘，纸片飞舞，小树干摇动	小波渐高，波峰白沫渐多	渔舟满帆时倾于一方
5	劲风	中浪	2 ~ 2.5	8.0 ~ 10.7	29 ~ 38	17 ~ 21	19 ~ 24	有叶之小树摇摆，内陆水面有小波	中浪渐高，波峰泛白沫，偶起浪花	渔舟缩帆
6	强风	大浪	3 ~ 4	10.8 ~ 13.8	39 ~ 49	22 ~ 27	25 ~ 31	大树枝摇动，电线呼呼有声，举伞困难	大浪形成，泛白沫波峰渐广，渐起浪花	渔舟张半帆捕鱼，须注意风险

（续表）

蒲氏风级	名称	波浪	浪高（米）	高出地面10米处的平均风速				风级标准说明		
				米/秒	千米/时	海里/时	英里/时	陆地情形	海面情形	海岸情形
7	疾风	巨浪	4 ~ 5.5	13.9 ~ 17.1	50 ~ 61	28 ~ 33	32 ~ 38	全树摇动，迎风步行有阻力	海面涌突，白浪泡沫沿风成条，浪涛渐起	渔舟停息港中，在海者下锚
8	大风	狂浪	5.5 ~ 7.5	17.2 ~ 20.7	62 ~ 74	34 ~ 40	39 ~ 46	小枝吹折，行人不易前行	巨浪渐升，波峰破裂，浪花明显成条沿风吹起	近港之渔舟，皆停留不出
9	烈风	狂涛	7 ~ 10	20.8 ~ 24.4	75 ~ 88	41 ~ 47	47 ~ 55	烟囱屋瓦等将被吹毁	猛浪惊涛，海面渐呈汹涌，浪花白沫增浓，能见度减低	—
10	狂风	狂涛	9 ~ 12.5	24.5 ~ 28.4	89 ~ 102	48 ~ 55	55 ~ 63	陆上不常见，有则拔树、倒屋或其他损毁	猛浪翻腾，浪峰高耸，浪花白沫堆积，海面一片白浪，能见度更低	—
11	暴风	非凡现象	11.5 ~ 16	28.5 ~ 32.6	103 ~ 117	56 ~ 63	64 ~ 72	陆上绝少，有则必重大灾害	狂涛高可掩盖中小海轮，海面全成白沫，惊涛翻腾白浪，能见度大减	—

（续表）

蒲氏风级	名称	波浪	浪高（米）	高出地面10米处的平均风速				风级标准说明		
				米/秒	千米/时	海里/时	英里/时	陆地情形	海面情形	海岸情形
12	飓风	非凡现象	>14	32.7 ~ 36.9	118 ~ 133	64 ~ 71	73 ~ 82	—	空中充满浪花飞沫，海面全呈白色浪涛，能见度恶劣	—
13	飓风		—	37.0 ~ 41.1	134 ~ 149	72 ~ 80	83 ~ 92	—	—	—
14	飓风		—	41.5 ~ 46.1	150 ~ 166	81 ~ 89	93 ~ 103	—	—	—
15	飓风		—	46.2 ~ 50.9	167 ~ 183	90 ~ 99	104 ~ 114	—	—	—
16	飓风		—	51.0 ~ 56.0	184 ~ 201	100 ~ 108	115 ~ 125	—	—	—
17	飓风		—	56.1 ~ 61.2	202 ~ 220	109 ~ 118	126 ~ 136	—	—	—

注意潮汐变化

船出海“必潮平而后行”。行船需注意潮涨潮落，利用海水潮平的最佳时机出海。随季节变化每月都有潮，每昼夜也有小潮，与月亮的盈亏有关。以广州潮为例，春汛大，冬汛小。琼州潮在八九月最大。而不同的海峡，涨潮落潮又使水流流向发生变化。如琼州海峡，清代屈大均的《广东新语》载广东某地“见水长而上，则以为西流；见水消而下，则以为东流”，此处明确地告知了水的流向。大潮，水的深浅落差大，有的港口落潮时水浅，船难于进出港。船在涨潮时出港，也不是最佳的选择，因潮水是往港岸方向涌来，船出港遇到水流的阻力大，当然，还要看潮的大小。

船在大风大浪中航行，遇较大浪或大浪，绝不可让船的一舷（一侧）受浪，因为最危险，容易翻船。

波浪的最高点称“波峰”，最低点称“波谷”，两个波峰或两个波谷之间的距离称“波长”。当船在波浪中航行，如果船长等于或接近波长时，此时对船的总纵强度极为不利，如果是机动船，还容易出现螺旋桨脱离开水面，导致飞车，使船严重失速。当船的长度小于一个波长时，船会产生纵向的升沉运动，随波逐流。当船的长度大于1.5倍波长时，船的纵摇大大改善。

清代外销画白盐船（广船）

船的稳性与船的横摇是一对矛盾，船的稳性好、安全，但是横摇厉害。风浪中航行的一般船舶，如果横摇周期短到一定程度，加上风浪影响，人会晕船、呕吐，影响正常工作。长期在船上工作的人，都要练就一身本事，不畏风浪。前些年，我国义务兵役制规定“陆军3年，空军4年，海军5年”，就是因为培养一名海军

香港铜锣湾渔船张开蝴蝶帆顺风航行

战士更为不容易。木帆船张帆时，船的横摇得到大大的改善，船帆起到阻尼作用。现代海船，则设置减摇水仓、防摇鳍和舭龙骨，都是为了使横摇和缓。

水位的高低、水的流向对行船都是很重要的。

清代黄叔璥的《台海使槎录》载："一遇岛屿可以泊舟，则尤兢兢焉；盖海屿虽卑而水中尚多岩峦、又有泥沙如堤阜，皆能败舟；且山上回飈，亦能嘘噏其舟而胶之。及已泊之后，忧恐潮汐往来及戕（qiang）风猝至，故湾中有不可藏舟之处。"是说不是看见有岛就可以停泊船。潮水的涨落，对船的航行至关重要，如南中国海，珊瑚礁密布，水位落差大，如果不掌握潮汐变化的规律，很易触礁出事。两广的海船，用结实的硬木建造，也因触礁概率大。其他水域的海船，则多以松杉建造。

明代《顺风相送》中的《定潮水消长时候》详细介绍了七洲洋（我国海南岛东北的七洲列岛东南洋面）到外罗一段航线潮水消长及船航行的注意要点。

观察水流方向

俗话说“逆水行舟，不进则退”，可见水流的威力。人在河里游泳，想去对岸某处，如果直接朝目的地直线游，结果到达的不是对岸的目的地，而是到了目的地的下游某处，水流的速度越快，偏差也越大，因此，必须考虑水流的速度，朝偏上游方向游去，掌握偏多少才好，才可能到预期的目的地。海水也有流动，称为“洋流”。开船的人必须了解洋流的规律，洋流的流向，要考虑水流的作用力对船航向的影响。若不考虑水流对船航行的影响，其结果也会距目的地偏航很多，导致走冤枉路。

在长期的航海实践中，中国的航海家摸索出一些简单实用的办法来判断水的流向和流速。经常出海的渔民和开船的老大将剩饭撒到水中，心中默默数数，看剩饭粒漂流的方向和在预定的时间内漂多远，即可粗略知道此地水流的方向和速度，然后再决定船朝哪个方向开。

航行中的香港木帆船

指南针用于航海开启新时代

航海，少则几天，多则几十天或更长，不可能天天遇到好天气，若遇阴晦天气，只能靠指南针了。

中国很早就发明了指南的设备，相传黄帝大战蚩尤，遇大雾，靠指南装置脱险；汉代有指南车和司南；《晋书·礼五》载晋有“指南舟”。

指南针用在航海上，则始于北宋。

北宋《萍州可谈》曰：“舟师识地理，夜则观星，昼则观日，阴晦（hui）则观指南针。”

北宋《宣和奉使高丽图经》曰：“是夜，洋中不可住维，视星斗前迈，若晦暝（ming），则用指南浮针，以揆（kui）南北。”

北宋沈括的《梦溪笔谈》，记载了指南针的几种形式，即指爪式、盆唇式、悬线式和水浮针。中国古代航海是用水浮指南针，后来出现了水罗盘、旱罗盘。

《梦溪笔谈》书影之一

《梦溪笔谈》书影之二

南宋持罗盘陶俑

1985年，江西省临川县南宋朱济南墓出土1件“张仙人”陶俑，俑之右手持罗盘，说明南宋时已经存在了有固定支点的旱罗盘。

北宋浮水磁针模型

早在2000多年前的战国时期，中国人已发明了一种称为“司南”的磁铁指南仪器。经过长时间的摸索和实验，又发明了人工磁化方法，制造出指南针这一指向仪器。北宋末期，指南针作为导航仪器，开始应用于航海中，从而开启了人类航海事业的新纪元。当时的指南针装置普遍使用水浮法，即把磁化了的铁针穿过灯芯草，浮在水上成为浮水磁针，后又与方位盘结合在一起，即成为水罗盘。

明代巩珍的《西洋番国志·自述》写道：“惟观日月升坠，以辨西东，星斗高低，度量远近。皆斫（zhuo）木为盘，书刻干支之字，浮针于水，指向行舟。”明代的《指南正法》中说：“自古圣贤教人通行海道，全凭罗经二十四位，通变使用。”

古代早期的水罗盘将一周360度分成24个刻度，每个刻度表示一个方位，称24向，每向间隔15度。24个字由上方正北起顺时针排列为：子，癸，丑，艮，寅，甲，卯，乙，辰，巽，巳，丙，午，丁，未，坤，申，庚，酉，辛，戌，乾，亥，壬。

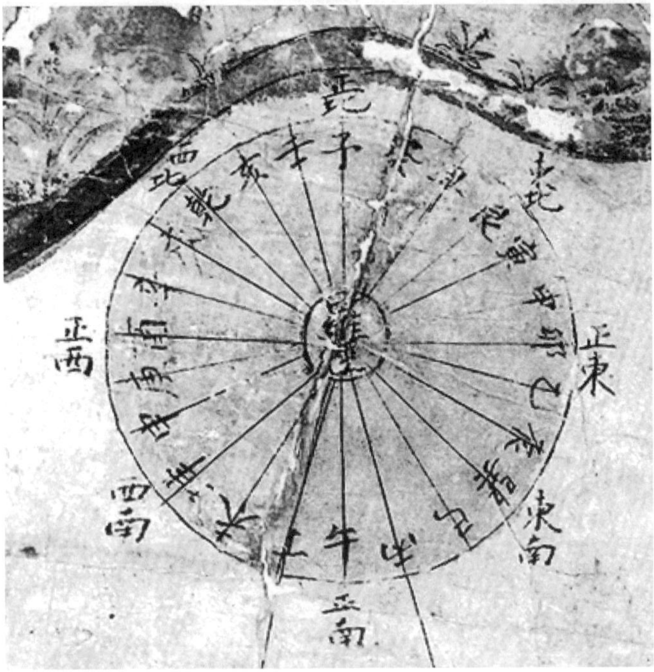

明末航海罗盘图

载于《明代东西洋航海图》（*The Selden Map of China*），1624年前。

宋代罗盘

广东省博物馆收藏

后又有48向，在相邻两向之间的角度再分一半作刻度：癸子，丑癸，艮丑，寅艮，甲寅，卯甲，乙卯，辰乙，巽辰，巳巽，丙巳，午丙，丁午，未丁，坤未，申坤，庚申，酉庚，辛酉，戌辛，乾戌，亥乾，壬亥，子壬。

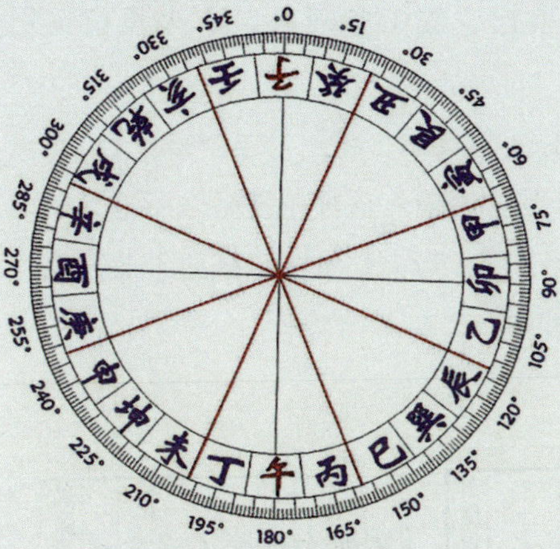

古今罗盘方位对照图（24方位）

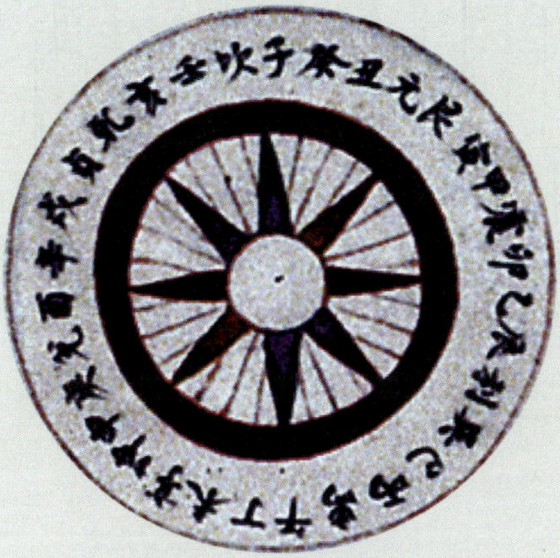

清初航海罗盘图

载于《西南洋各番针路方向图》。清初已吸收中外航海经验，采用32字、64方位的罗盘。图中罗盘32字顺时针排列为：子，癸，丑，元，艮，寅，甲，震，卯，乙，辰，利，巽，巳，丙，离，午，丁，未，亨，坤，申，庚，兑，酉，辛，戌，贞，乾，亥，壬，坎。

旱罗盘

该旱罗盘时代较晚，方位已有外文，是中西合璧式的罗盘。

船有三梢：火长、舵工和阿班，由火长负责司针。

宋代吴自牧的《梦粱录》说：“自入海门，便是海洋，茫无畔岸，其势诚险。盖神龙怪蜃之所宅，风雨晦冥时，惟凭针盘而行，乃火长掌之，毫厘不敢差误，盖一舟人命所系也。”

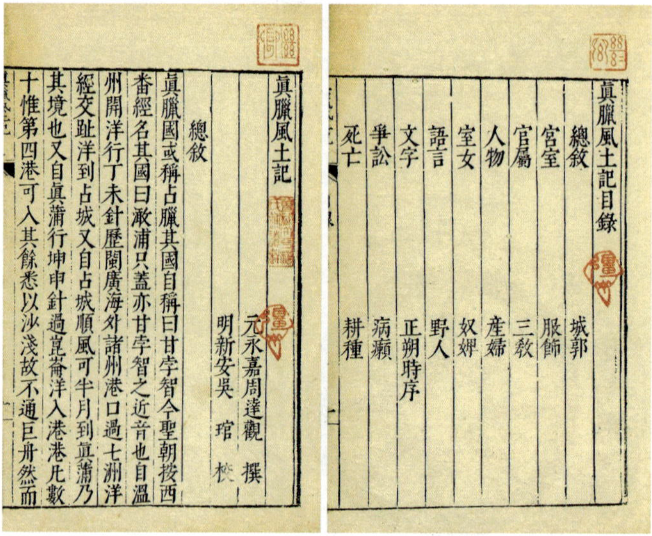
真臘風土記目錄

總敘 城郭
宮室 服飾
官屬 三教
人物 產婦
室女 奴婢
語言 野人
文字 正朔時序
爭訟 病癩
死亡 耕種

真臘風土記

元永嘉周達觀 撰
明新安吳 琯 校

總敘

真臘國或稱占臘其國自稱曰甘孛智今聖朝按西番經名其國曰澉浦只蓋亦甘孛智之近音也自溫州開洋行丁未針歷閩廣海外諸州港口過七洲洋經交趾洋到占城又自占城順風可半月到真蒲乃其境也又自真蒲行坤申針過崑崙洋入港港凡數十惟第四港可入其餘悉以沙淺故不通巨舟然而

元代周达观《真腊风土记》书影

宋代虽已用罗盘针导航，但未见有以天干、地支相配作为方向指标的针路记录，元代《真腊风土记》则成为保存至今最早的相关图书。该书还是现存同时代人所叙柬埔寨吴哥文化的唯一记录，对后来吴哥遗迹的发掘贡献极大。

明代谢杰的《使琉球录撮要补遗》介绍了封舟和自福州去琉球往返的针路：“船梢有三：火长司针者，舵工司舵者，阿班司篷缭錾橹及执诸事者。司针密室在舵前，其室穴一孔，与舵相对；针左则舵左，针右则舵右，舵工听命于伙长焉。去时向东北，针用单卯、甲卯、乙卯；回时向西南，针用单酉、庚酉、辛酉。吾辈急在择人。火长得人，针随所用可也。”

指南针取水是很讲究的，据明代著作《顺风相送》曰："取水下针，务要阳水，不取阴水。何为阴阳水？盖阳水者风上危也，阴水者风下厄也。"

过去，船使用指南针，是很隆重要的事，带有神秘色彩。船启用指南针前，要虔诚地祷颂"启针神文"，选录如下：

清晚期旱罗盘

"伏以奉献仙师酒一樽，乞求保护船只财物，今日良辰下针，青龙下海永无灾，谦恭虔奉酒味初伏献再献酌香醪。第二处下针酒礼奉先真，伏望圣恩常拥护，东西南北自然通。弟子诚心虔奉酒陈亚献，伏以三杯美酒满金钟，扯起风帆遇顺风。海道平安往回大吉，金珠财宝满船盈荣，虔心美酒陈献。献酒礼毕，敬奉圣恩，恭奉洪慈，俯垂同鉴纳伏望愿指南下盏，指东西南北永无差，朝暮使船长应护往复过洋行正路，人船安乐，遇洋平善，暗礁而不遇，双篷高挂永无忧。"

古代船上大多设有"针房"，相当于驾驶室，内有指南针、海图和更漏等，由火长（海南也作"火表"）负责。《台海使槎录》载："火长一正、一副，掌船中更漏及驶船针路。"明代谢杰的《使琉球录撮要补遗》曰："密室看针，即白昼亦燃灯。总名之'十更船'，昼五更，夜五更也。"

明代水罗盘

量天尺与过洋牵星板

中国的神话小说经常说某某“手持量天尺”，“量天尺”到底是何物？其实，就是一把特殊的尺子。中国何时有了量天尺，目前尚不清楚，不过在宋代已经用于航海倒是确定无疑的。泉州湾出土了一艘宋代海船，同时出土了一把量天尺。

量天尺与一般的丈量尺不同，常见的尺子全尺都刻有规律的刻度，量天尺的中间无刻度（使用时手握此处），而是只有两头有刻度。

南宋量天尺

泉州湾南宋沉船上发现一支刻有度数的竹尺，专家认定为古代航海用的量天尺。

我们知道，对于直角三角形，如果知道两个直角边的边长，就可以求直角边与斜边的夹角。此外，对于两个直角三角形，当直角边平行且对应成比例时，两个直角三角形相似，而两个相似的直角三角形，对应角是相等的。此外，我们也都熟悉直角三角形的勾股定理。

用量天尺，就是手握量天尺中部无刻度的位置，手臂伸直，眼与尺的某一刻度、星座成一直线，手臂长度已知，尺刻度（即高度）也已知，从而可知此时的角度。如果角度大于记载的角度，说明船走过了，如果小于记载的角度，说明船离预定位置还远。为了准确确定船位，会同时测定几个星座，如果都与记载的相符，则船所在的位置是准的。当然，如果量天尺与指南针配合，方向准，测得的一个星座的角度也对，也可准确确定船位。

另一个天文定位工具就是过洋牵星板，据说始于元代。航海中使用的过洋牵星板，应用方法也是上面所述的简单数学原理。

牵星板共12块，每块板宽度有别，最大的宽度12指，即24厘米，最小的宽度1指，即2厘米，使用时，板的宽度当高度使用。12指分别是1、2、3、4、5、6、7、8、9、10、11、12指，即牵星板高分别是2、4、6、8、10、12、14、16、18、20、22、24厘米。

牵星板用乌木制作，另配一块象牙做的“角”。角长2寸，即6.67厘米。其四角都缺，上有半角、一角、三角等字。

使用时，选合适的牵星板一块，垂直伸出手臂（此时，手臂长度是已知的），用眼观测，使牵星板的底边与水平线平行，眼、牵星板上缘、星座成一直线，如果超出了整块牵星板，可以用象牙板测出“角”值，此时使用了几指板，加上角的补充读数，便可得出牵星高度是几指几角的数值。古代，一指等于四角。

眼到牵星板的距离取55.4厘米，经过计算，就可知

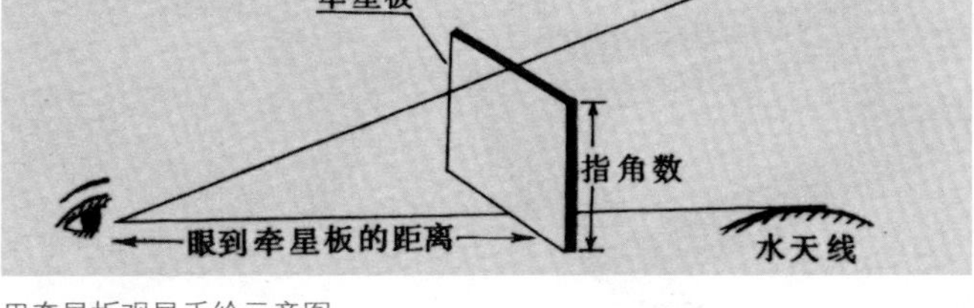

用牵星板观星手绘示意图

船所在的位置了。测量时，会同时测量几个星体，互相校对，并配以指南针，以求准确定位。

无论是量天尺还是牵星板，都是天文定位的方法，它反映了中国古代航海者的聪明才智。

用牵星板观星图

中国至少在宋代使用了量天尺，元明使用了牵星板。

1731年西方使用了八分仪，1757年使用了六分仪，八分仪及六分仪与过洋牵星板使用是同一原理。

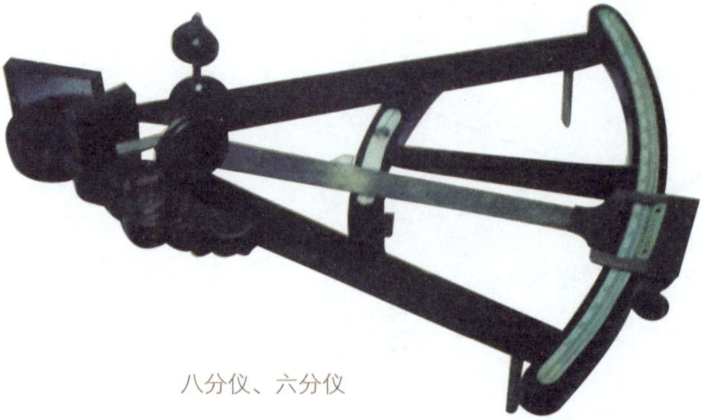

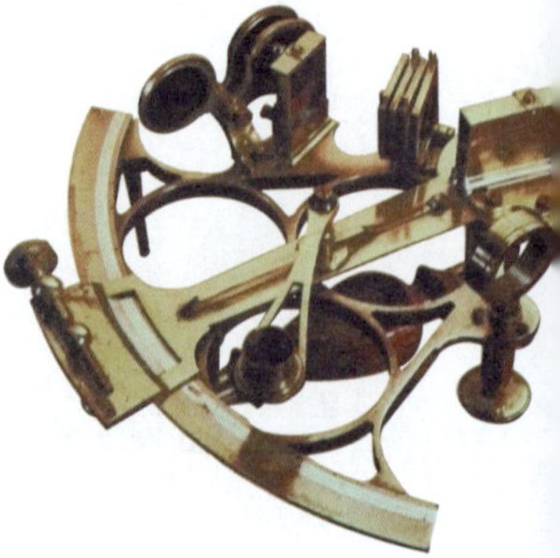

八分仪、六分仪

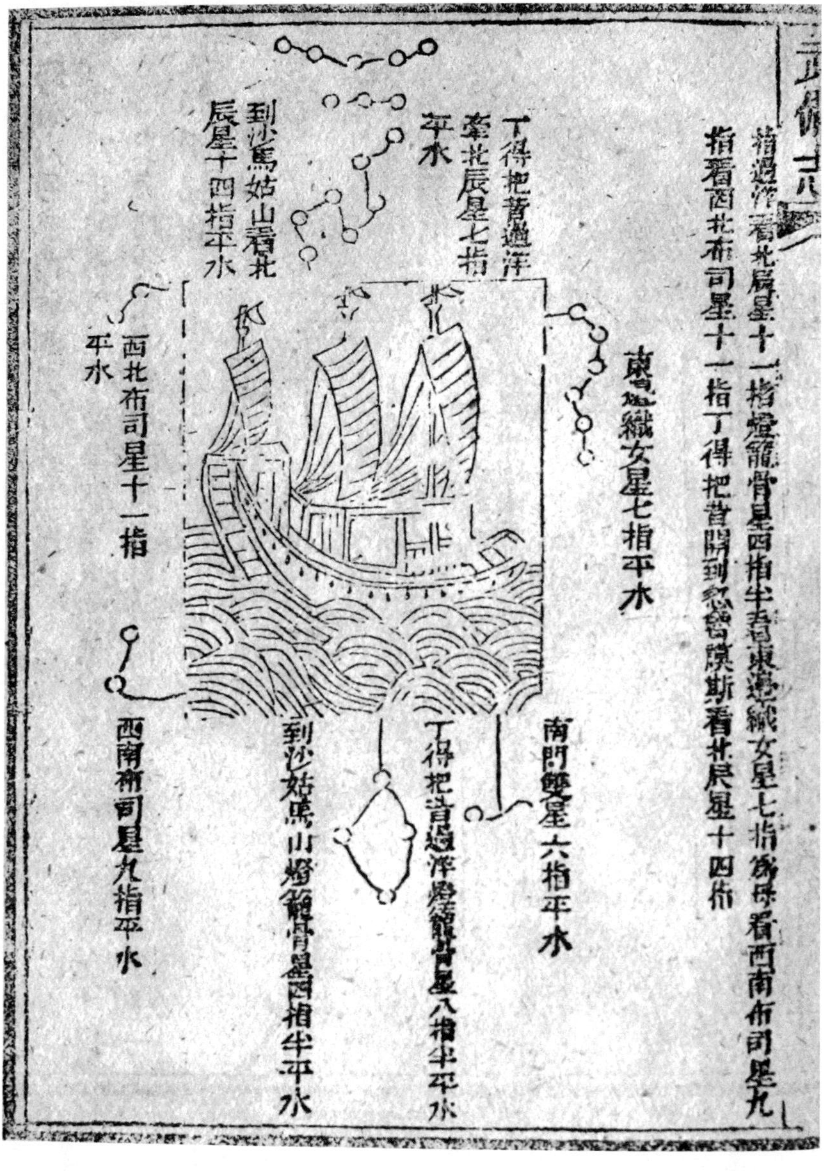

明代佚名《郑和航海图》二十二（左半部）

郑和七下西洋时，就是指南针、过洋牵星板同时使用，《郑和航海图》上附有4幅过洋牵星图。过洋牵星图是前人航海经验的总结。各地的《更路簿》也多这方面的详细记载，现在有的渔民家中还保留有《更路簿》，是珍贵的史料。

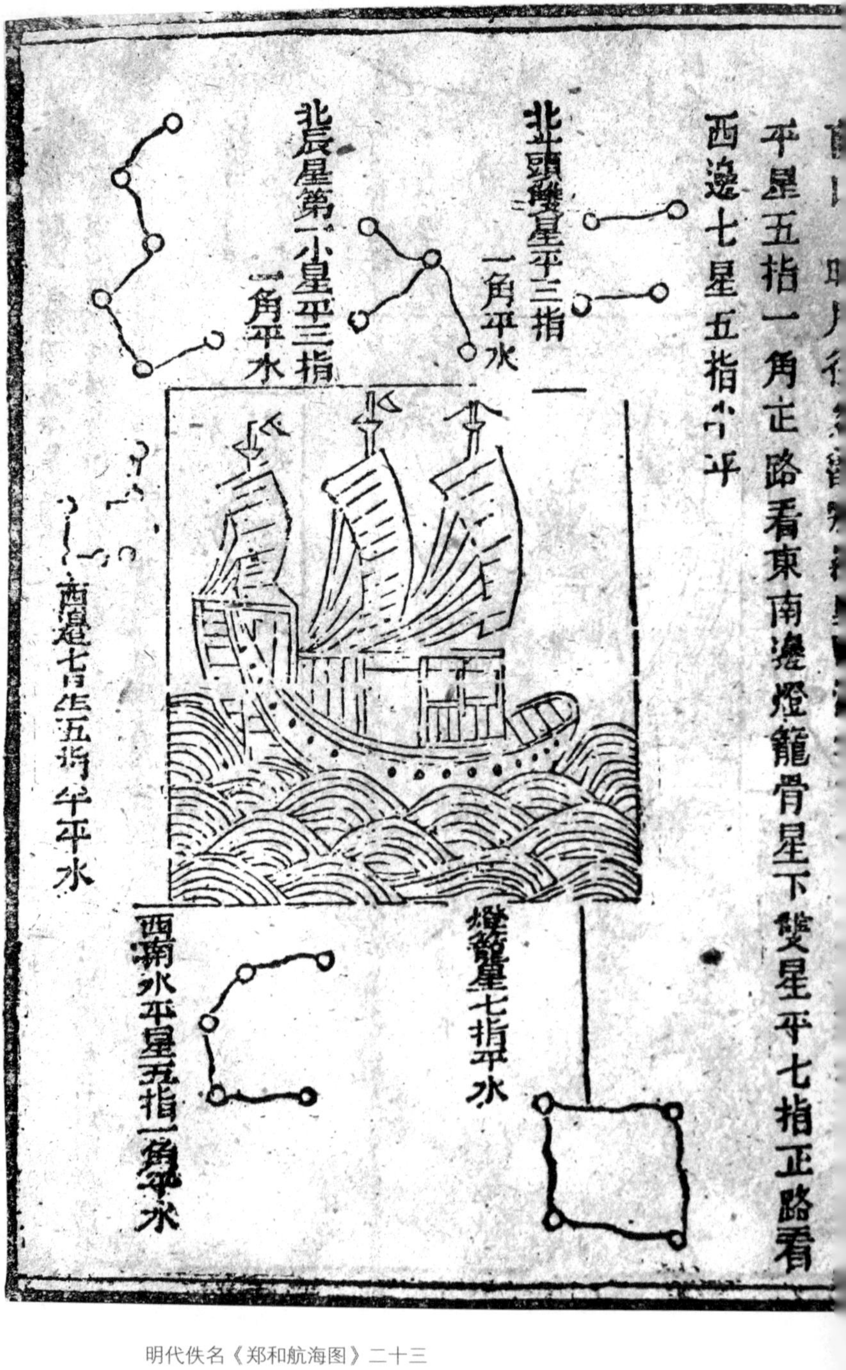

明代佚名《郑和航海图》二十三

錫蘭山回蘇門答剌過洋牽星圖

時月正回南巫里洋牽華蓋星八指北辰星一指燈籠骨星十四指半南門雙星十五指西北布司星四指為母東北織女星十一指平兒山

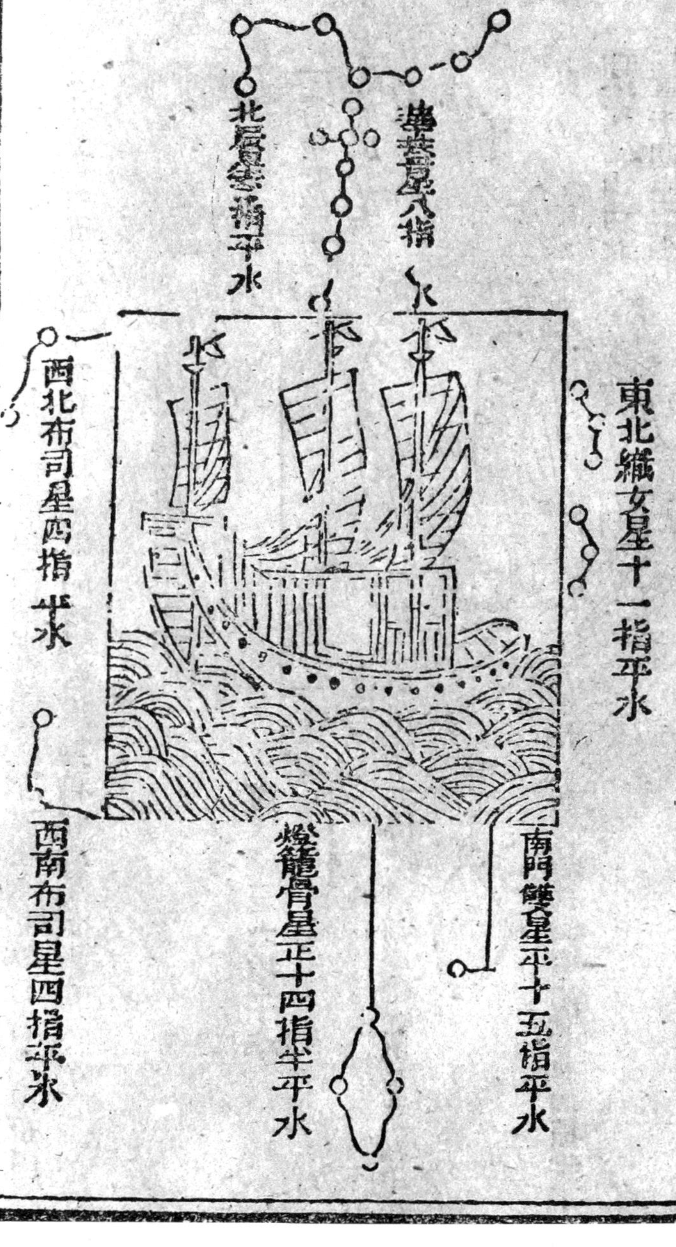

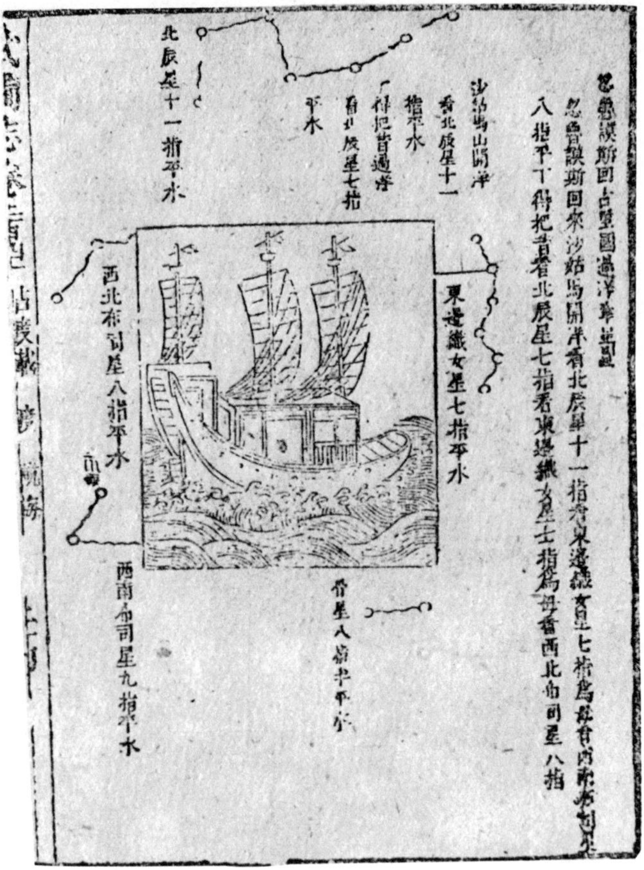

明代佚名《郑和航海图》二十四

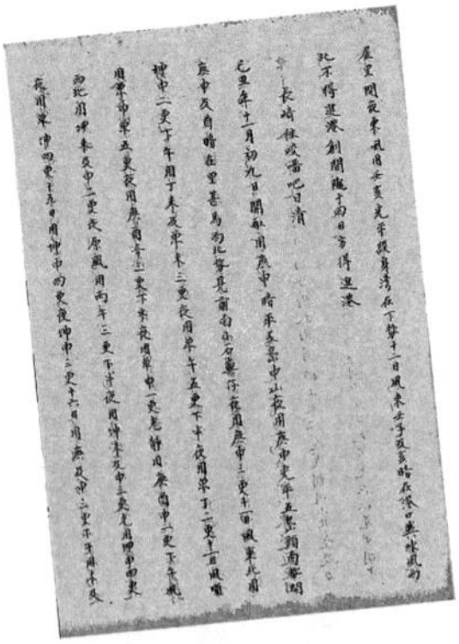

清代佚名《指南正法》书影之一

观星相观日月

《指南正法》给出船航行到某一位置时，指南针对应日月所指示的方位，如文献记某地：正月，日出在乙位，日落在庚位；月亮出在甲位，月落在辛位。二月，日出在卯位，日落在酉位；月出在卯位，月落在酉位。如果指示的日或月的针位不对，说明船偏航。

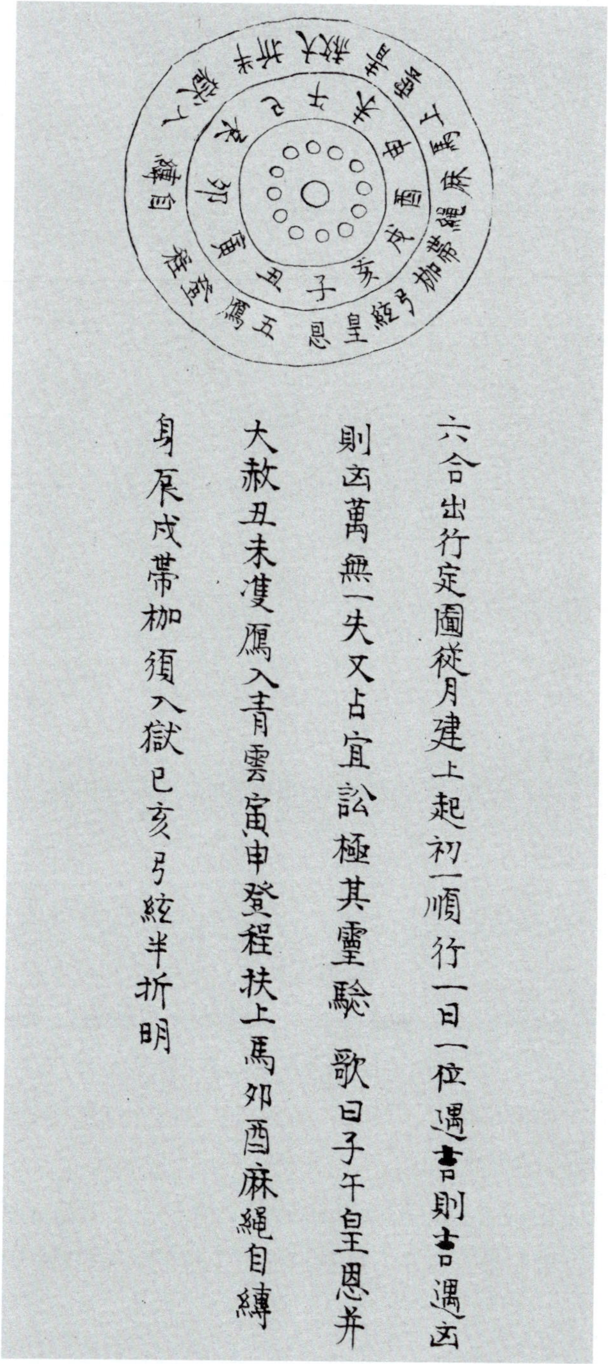

六合出行定圖從月建上起初一順行一日一位遇吉則吉遇凶則凶萬無一失又占宜訟極其靈驗 歌曰子午皇恩并大赦丑未雙鴈入青雲寅申登程扶上馬卯酉麻繩自縛身辰戌帶枷須入獄巳亥弓絃半折明

清代佚名《指南正法》书影之二

（书中罗经图方位颠倒）

六合出行定图

从月建上，起初一，顺行一日一位，遇吉则吉，遇凶则凶，万无一失。又占宜讼，极其灵验。歌曰：“子午皇恩并大赦，丑未双雁入青云。寅申登程扶上马，卯酉麻绳自缚身。辰戌带枷须入狱，巳亥弓弦半折明。”

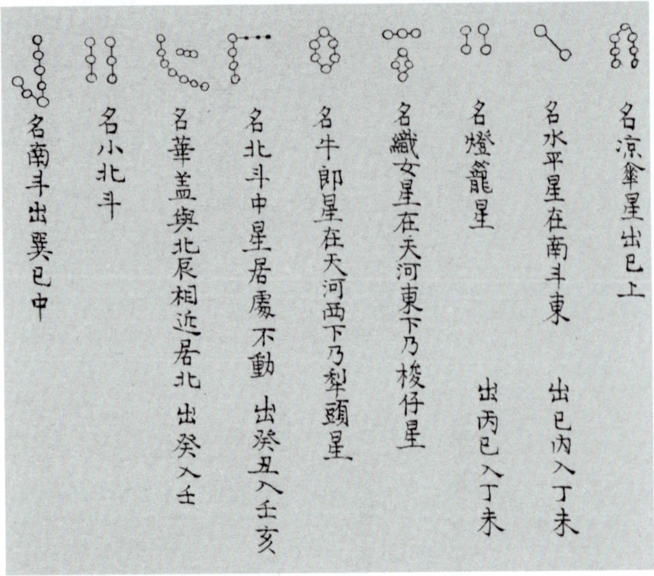
名涼傘星出巳上
名水平星在南斗東 出巳內入丁未
名燈籠星 出丙巳入丁未
名織女星在天河東下乃梭仔星
名牛郎星在天河西下乃犁頭星
名北斗中星居處不動 出癸丑入壬亥
名華盖與北辰相近居北 出癸入壬
名小北斗
名南斗出巽巳中

清代佚名《指南正法》书影之三

观星法

名凉伞星，出巳上。
名水平星，在南斗东，出巳丙入丁未。
名灯笼星，出丙巳入丁未。
名织女星，在天河东，下乃梭子星。
名牛郎星，在天河西，下乃犁头星。
名北斗，中星居处不动，出癸丑入壬亥。
名华盖，与北辰相近，居北，出癸入壬。
名小北斗。
名南斗，出巽巳中。

大海茫茫，水天一色，天连水，水连天，除此之外，已经看不到山川河流村庄城郭，极易迷失方向。此时，如果是晴天，只能靠观察日月星辰方位来判断船在何处，时间是何时。

中国古代很早就专注到天文星相，牛郎星、织女星、启明星、北斗七星和扫把星（彗星）等名称，早就妇孺皆知，还有华盖星、灯笼骨星、水平星、双星、北辰星等。古代研究天文的科学家，已经发现并命名了许多星座，并且详细记录了不同季节、不同地区观测到的时间和方位。

我国早在唐代就已有观测北极星高度角确定地理纬度的技术。明代《顺风相送》记载的几个星出没的时间是："北斗出在丑癸，入在壬亥。华盖出在癸，入在壬。灯笼骨出在巳丙，入在丁未。水平星出在巳丙，入在丁未。"根据星座出现的时间和方位，来判断当时的时间和船的方位。

定太阴出没歌

"正九出甲没于辛。二八出兔入鸡邻。三七出乙没庚位。四六出辰没在申。五月出巽没坤上。子月出艮干至真。惟有十月十二月，出寅入戌正可陈。"

《顺风相送》还记有某地区白天与夜间时间的长短、日出日落时间的详细资料，有《定日月出入位宫昼夜长短局》《定太阳出没歌》《定太阴出没歌》《定寅时歌》《定天德方》，都是很珍贵的航海文献。

定太阳出没歌

"正九出乙没庚方。二八出兔没鸡場。三七出甲从辛没。四六生寅没犬藏。五月出艮归干上。仲冬出巽没方坤。惟有十月十二月，出辰入申仔细详。"

古人把月亮称为"太阴"，每月上半月的月亮称"上弦月"，下半月的称"下弦月"，月有盈缺，人们还有俗语"十五的月亮十六圆"。古代航海中判断时间和船的方位，晴天时白天观日，晚上观月亮星辰。清代《台海使槎录》曰："茫茫海道，舟人固不识也；惟东西南北，则以罗经（即指南针）视之。其所往之地，非山不可辨。若霄昼行而不见山，亦莫测其远近；故有占星察气，缘橦（chuang）远望（即爬上桅杆远望），辨水之色及视泥沙之臭味者。"

辨海路绘海图

所谓辨海路，即认道。早期沿岸航行，以山川、城堡、岛屿为地标，对岛屿还常常形象地描绘成像某物，以便老远观察、判断是不是该岛，很早就用了“山形水势图”，后来设置了灯塔。

有经验的航海者，通过观察海水、海鸟也能进行判断。海水为黑色，泛起雪白浪花，表示处于深海；海水呈蓝色，近海；海水发黄，离海岸不远，且可能有河口。如果不见飞鸟，多处于远海。船处于远海，原随船走的飞鸟，或停落于船或在近处绕船飞翔，绝不会离开船。如果航行中出现海鸟在船帆左右飞来飞去，必离岛屿不远。

泉州港航标塔——六胜塔

是船只进入泉州港的航标。

船离陆地较远，鸟随船行（选自《筹海图编·经略·兵船》）

航海图就是早期的“海图”，是现在江河及海洋船舶航行时必备的指南，主要属地文航海。它可以使船避开浅水区、险滩、暗礁、障碍物、沉船等，安全到达目的地。

我国绘制航海图的历史至少可以追溯到北宋，北宋的《宣和奉使高丽图经》就讲到“神膛所经岛洲苫屿，而为之图”；王应麟的《玉海·卷十五》载有《绍兴海道图》；南宋末年的金履祥曾向朝廷献海道北攻之策，并附有“海道图”；元代大规模的海漕运输，也绘制了航行“图本”；明代刻本《海道经》内就有《海道指南图》，明朝使臣出使琉球时有《琉球过海图》。

广州港航标——怀圣寺光塔

广州是中国最早且始终长盛不衰的南方大港。公元前西汉时其所辖地区已开辟了对印度的远洋航线。唐代率先在广州设立了市舶使。及至清代，广州更成为对外通商五口之首。怀圣寺光塔约建于唐宋之际，长期成为海船的望标。

明代《海道经·海道指南图》局部

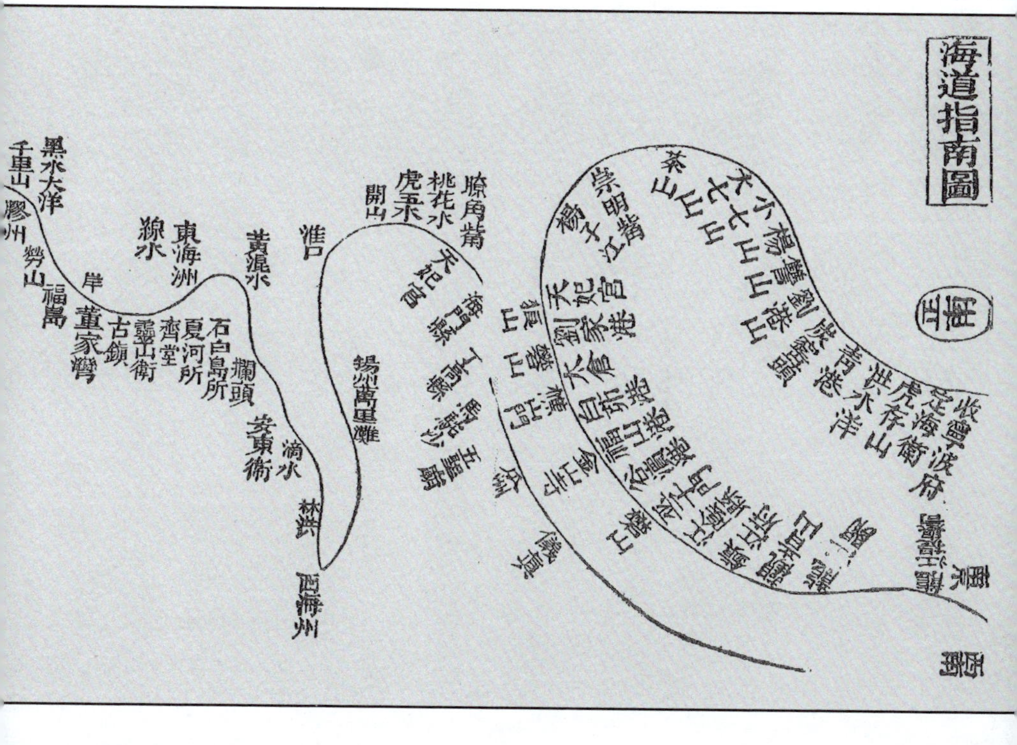

明代夏子阳、王士桢《琉球过海图》局部

琉球過海圖
西山
天妃宮
广石
道頭
梅花所

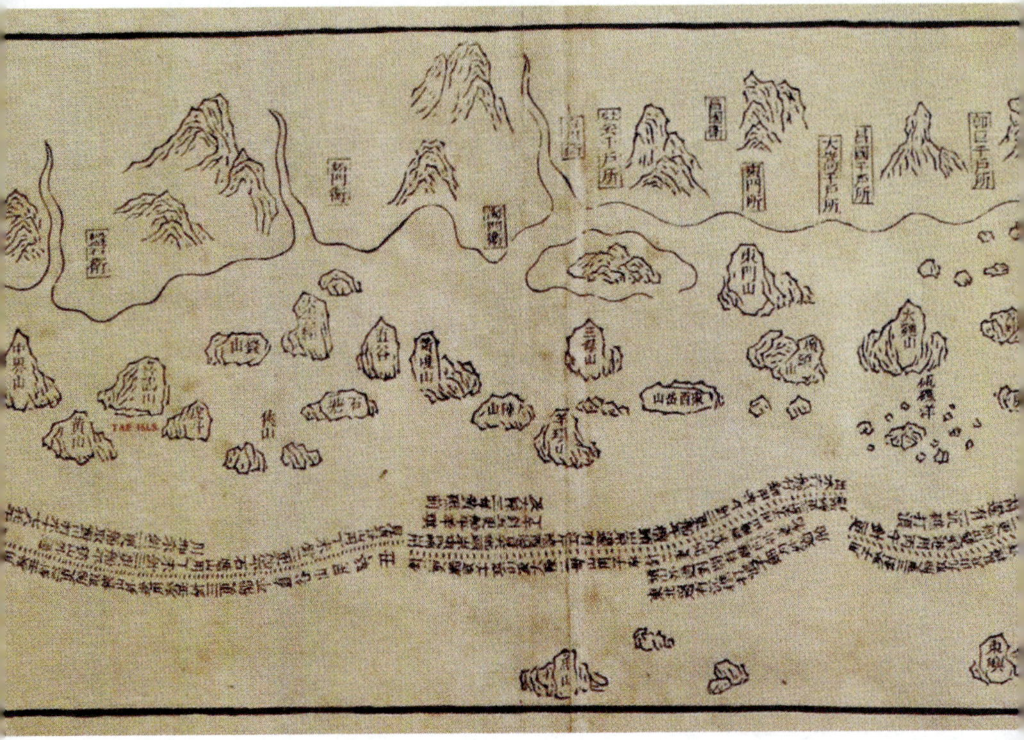

郑和航海图（局部）

最为惊世之作当属《自宝船厂开船从龙江关出水直抵外国诸番图》，它载于明代茅元仪的《武备志》一书，人们直接称其为《郑和航海图》。《郑和航海图》以中国山水画特有的表现手法，立体而形象地记录了郑和七下西洋的航行路线，人们把这种表现手法的海图统称为“山形水势图”。

《郑和航海图》除所经国名、地名古今有所变化外，均可以与现今世界地图相对照，图中地标有城池、岛屿、山峰、庙宇，并记有指南针导航

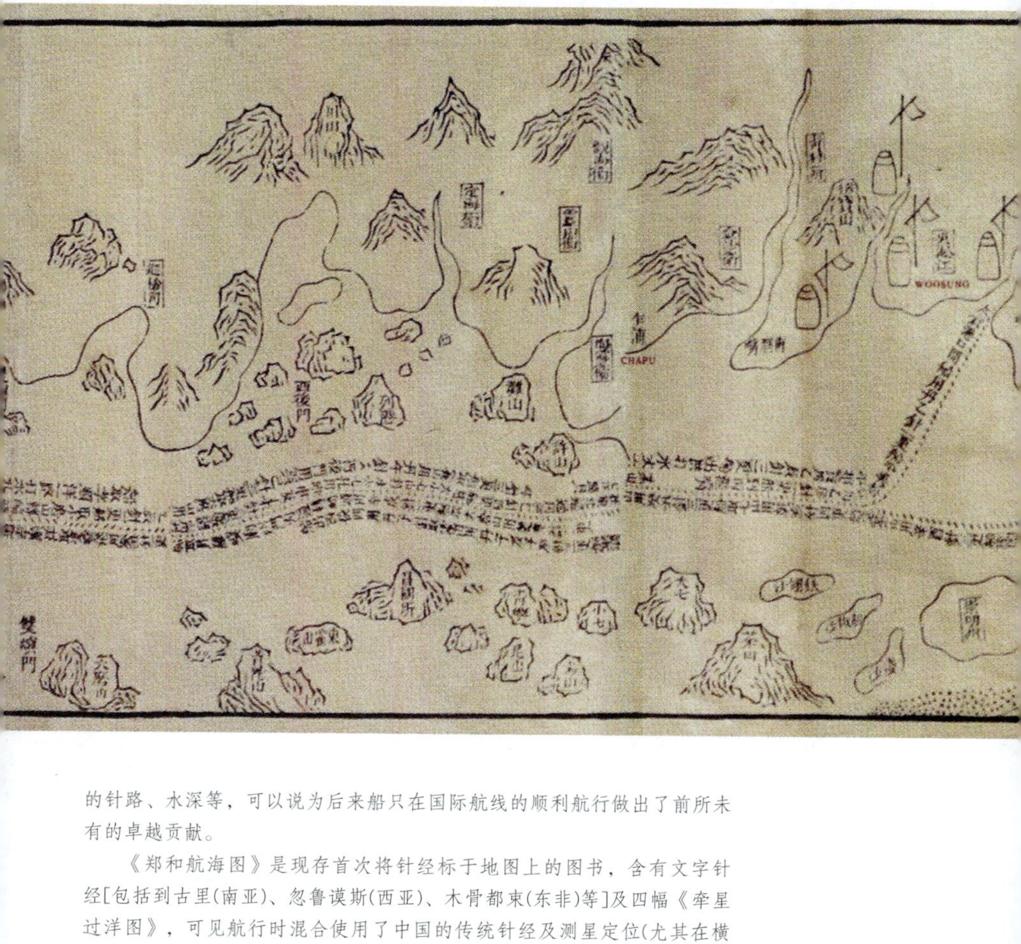

的针路、水深等，可以说为后来船只在国际航线的顺利航行做出了前所未有的卓越贡献。

《郑和航海图》是现存首次将针经标于地图上的图书，含有文字针经[包括到古里(南亚)、忽鲁谟斯(西亚)、木骨都束(东非)等]及四幅《牵星过洋图》，可见航行时混合使用了中国的传统针经及测星定位(尤其在横渡印度洋时)两种导航技术。至于掌控导航的技术员，除原有的“火长”（负责操作指南针者）外，自第一次下西洋起就屡屡聘用有外籍的“番火长”，其地位还常在“火长”之上。

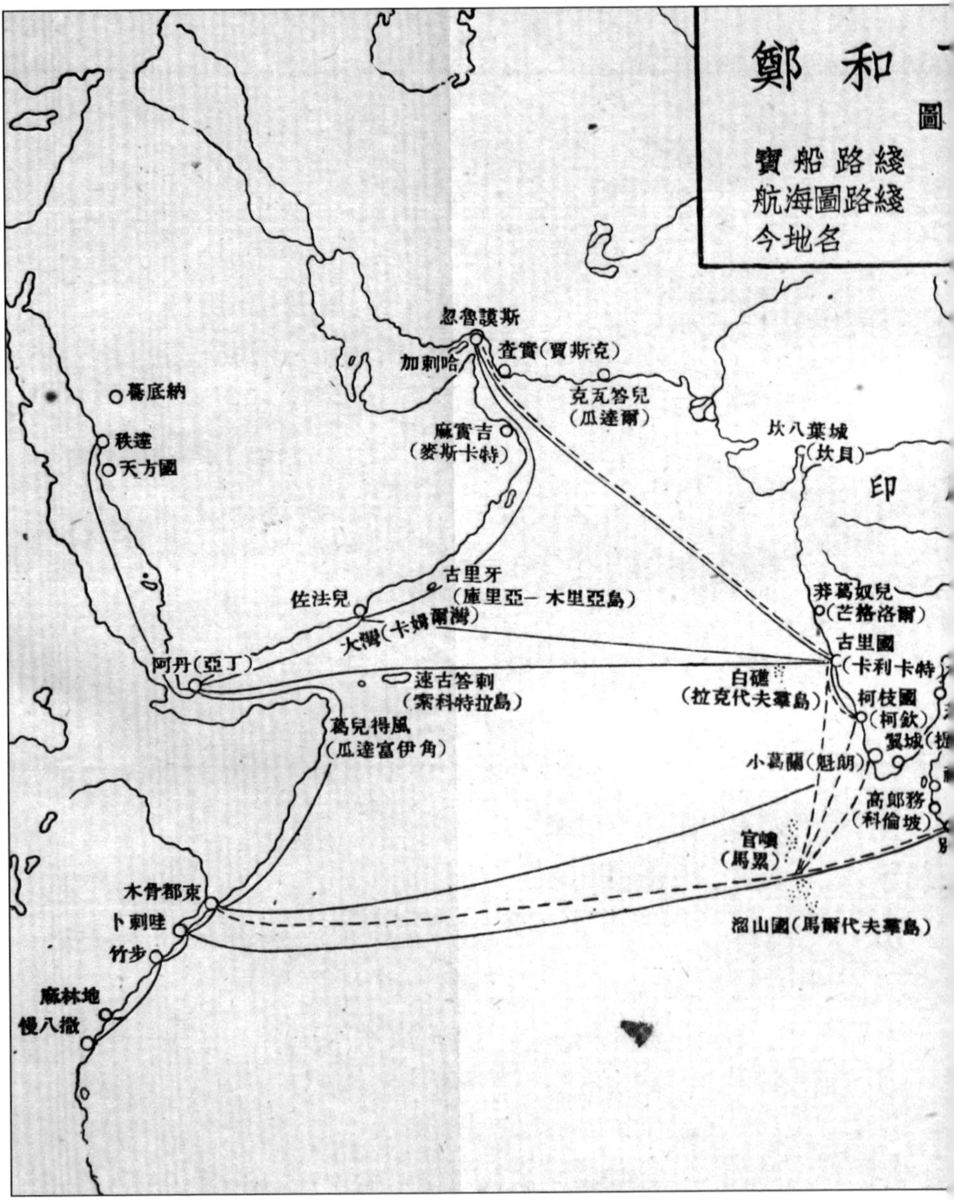

《郑和下西洋图》（向达校注《郑和航海图》一书索引后插图）

洋圖
例
(廈門)
明
北
330
30
300
60
270
90
240
120
210
150
180
南京
太倉
福州
泉州
漳州
(龍溪)
廣州
加禾千戶所(廈門)
南澳山
大星尖
獨豬山
七洲洋
交趾洋
新州港
靈山
占城
暹羅
(曼谷)
東埔寨
崑崙山
蘇祿
文萊
浡泥
榜葛剌
撒地港
木客港
里舍城
(卡塔克)
落坑(仰光)
八都馬
(馬達班)
打歪
(土瓦)
安得蠻山
(安達曼羣島)
答那思里
(典那沙冷)
翠蘭嶼
(尼科巴羣島)
孫姑那
(宋卡)
吉蘭丹
丁加下路
彭亨
龍涎嶼
那姑兒
南巫里
黎代
蘇門答剌
滿剌加
亞路
淡馬錫
(新加坡)
假里馬達
(卡里馬塔島)
彭加山
交闌山
馬辰
舊港
麻里東
吉里悶
(卡里摩爪哇羣島)
覽邦港
杜板
新村
(泗水)
爪哇

计算时间、航程和水深

1. 时间的计算方法

过去一昼夜分为10更，每更等于2.4小时，或1更=2小时24分。几时说几更或什么时辰。如三更，指正半夜，也称“子时”，即每天的夜间11～1点之间。《台海使槎录》说：“更也者，一日一夜为十更，以焚香几支为度。”明代胡宗宪（实为郑若曾编）的《筹海图编》也早有记载：“以焚香支数为度。”一支香烧完需多少时间，是已知的，烧了多少支香，就知道用了多长时间。人们在没用钟表之前，口头常说“一炷香功夫”，可见用这种方法计时由来已久。船上焚香计时，是在针房内，避免受风吹影响造成不准。针房是“掌船更漏及驶船针路”的专用房间，类似于现代船的驾驶室。

2. 航程的计算方法

更，也是船舶计算里程的单位。“海行之法，六十里为一更，以托避礁浅，以乾位取海道。”明代书籍《顺风相送》也说：“每更二点半约有一站，每站者计六十里。”即1更=60里。

出土的元代滴漏铜壶计时器

3. 航速的计算方法

中国古代一般，测船速的办法是用丢木片的方法。明代著作《顺风相送·行船更数法》载：“凡行船先看风汛急慢，流水顺逆。可明其法，则将片柴从船头丢下与人齐到船尾，可准更数。”测定船舶航速方法，《台海使槎录》说：“船在大洋，风潮有顺逆，行使有迟速，水程难辨；以木片于船首投海中，人从船首速行至尾，木片与人行齐至，则更数方准。若人行至船尾而木片未至，则为不上更；或木片反先人至船尾，则为过更，皆不合更也。舟子各洋皆有秘本，云系明王三保所遗。”明代施鹤保著《闽杂记》载：“以一人取木片，由船首丢入海中，即急行至船尾，木片与人具到位准。”船要测航行距离时，需先测出航速。方法是，挑选每更标准速度走六十里的人，从船头丢下木片，船前行，人同时起步，以标准速度快行到船尾，如果木片和人同时到达，称为“合更”，此时航速是每更60里。如果木片比人先到，称“过更”，说明船速每更超过60里；如果人到船尾，木片还没到，称“不过更”或“不上更”，说明船速度每更走不到60里。估计出船的速度，再乘以焚香用的时间，就可计算出船走了多远。

4. 水深的测量方法

对于官船，以水锤测水深，并以“托”为单位计量水深。测深锤也称“水垂”“水砣”“铅锤”“试水砣”。我国已经出土了明、清测深锤实物，古代以铅制作。

随“南澳1号”古船出土的明代测深锤

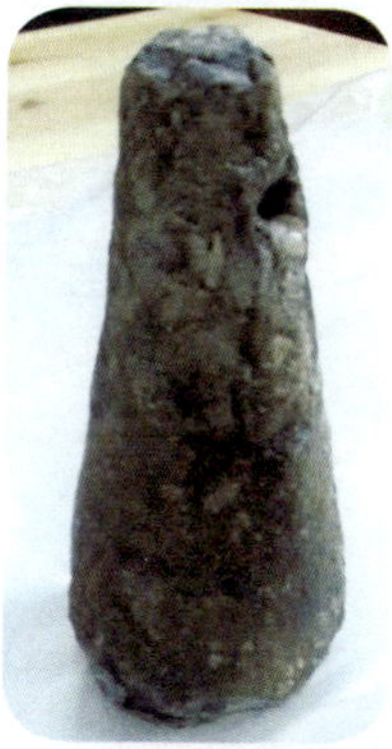

随“小白礁1号”古船出土的清代测深锤

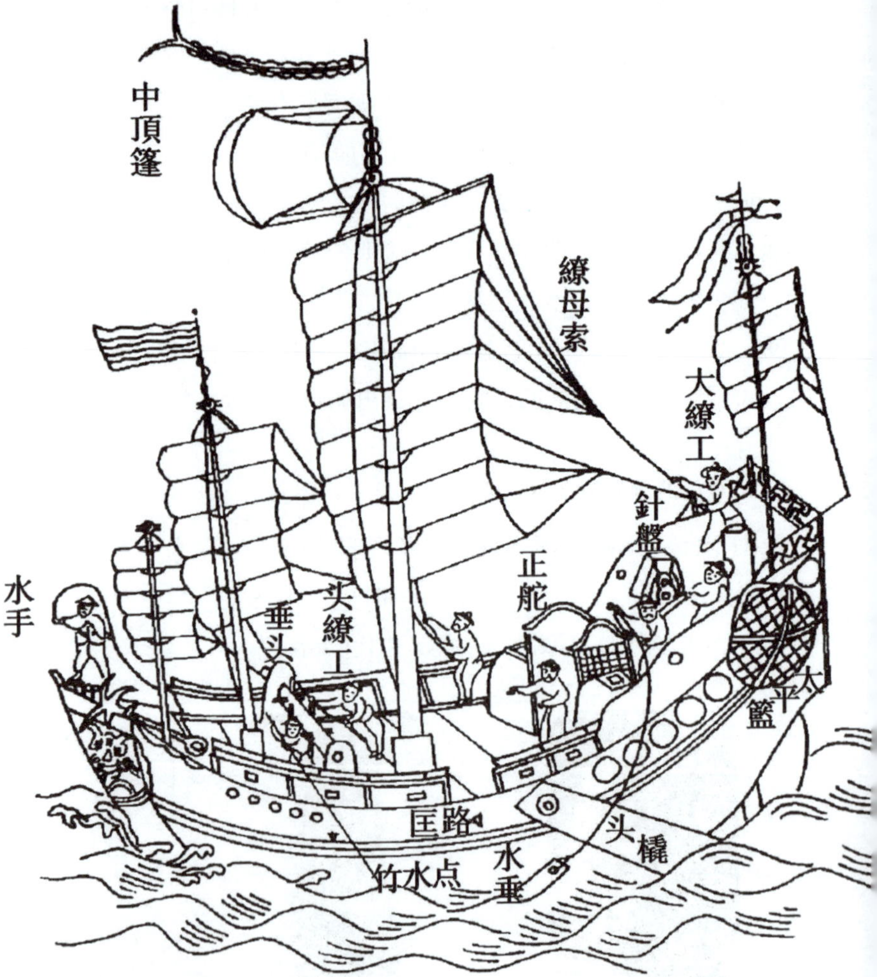

清代黄宗汉等《浙江海运全案》中沙船正甩出测深锤

《宣和奉使高丽图经》说："海行不畏深浅，惟惧浅阁，以舟底不平，若潮落，则倾覆不可救，故常以绳垂铅锤以试之。""故舟人每以过沙尾为难，当数用铅锤，时其深浅，不可不谨也。"明代张燮（xie）著《东西洋考·卷九·舟师考》曰："又沉绳水底，打量某处水深浅几托。赖此暗中摸索，可周知某洋岛所在。"明代黄省曾的《西洋朝贡典录·卷上·占城国第一》解释说："以托避礁浅，以针位取海道。"绳子入水长度的计量单位称"托"，人两臂伸开，张开的长度定为1托。《东西洋考》说："方言谓长如两手分开者为一托。"清代贺长龄的《江苏海运全案》说："其长短以托计，几五尺为一托。"即1托=5尺。

使用时，将铅锤放入水中，较小的锤是甩入水中，锤到水底，绳子拉上来，看没入水中的绳子长度，就知此处水深是多少托。如绳入水10托，即水深五丈。用测深锤探知水深叫"打水"。

打水还用于观察此处能否抛锚。清代黄叔璥的《台海使槎录》说："寄碇先用铅锤试水深浅；绳长六、七十丈，绳尽犹不止底，则不敢寄。铅锤之末，涂以牛油，沾起沙泥，舵师辄（zhe）能辨至某处。""寄碇"即抛下锚碇。"辄"是往往的意思。清代的《浙江海运全案》也说："锤上包以布，抹以蜡，泽以脂膏，俾（bi）水底沙泥缘锤而起，验其色以辨海运世界，计绳之长短，知水之深浅"。《海国闻见录》也说："用绳驼探水，深浅若干，驼底带蜡油，以粘探沙泥。"此处"驼"即砣、锤。看看铅锤粘到的泥沙情况，就可知此处能否抛锚下碇了。

操帆使舵相配合

海风有顺风、侧风、逆风。

来自船尾方向的是顺风，这是最理想的风。人们当然希望顺风航行。

张挂席帆顺风航行的三不象船

清代王翚《康熙南巡图》（局部）南京至镇江段在长江航行的船基本是顺风航行

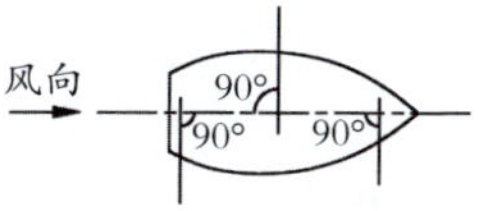

正顺风航行示意图

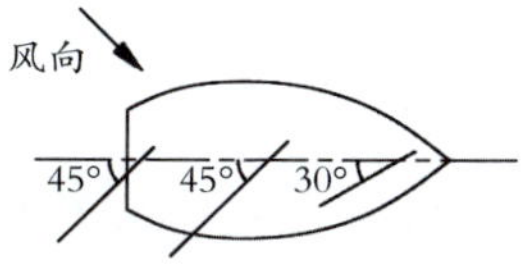

斜侧顺风航行示意图

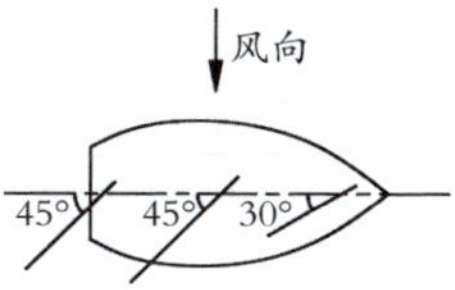

船遇横风示意图

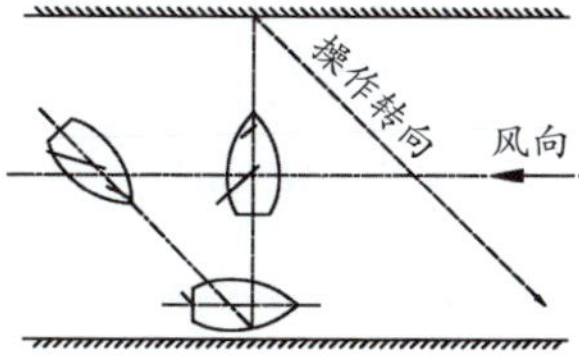

船遇逆风时采用“之”字航行

横风对船稳性极为不利，也是最易翻船的风向。船遇横风时，船、帆、舵、航向都需偏转一定角度，迅速避开横风。

当头风，也就是逆风。遇到逆风时，中国的帆船也能到达目的地。这就是常说的中国船能“风行八面”。《宣和奉使高丽图经》说：“然风有八面，唯当头不可行。”中国船并不直接顶着风航行，而是采取“之”字航行。当遇到顶头风时，便调整帆、船与风向的夹角并且以舵配合，在“之”字改变航向的很短时间内，船会处于横风情况，非常危险，而有经验的船工，通过操帆索，迅速改变帆的方向，操舵的人紧密配合改变船的行驶方向，这就是常说的“调戗使风”。当然，这得益于中国汉代就发明了船尾舵，而且中国的船帆是可转动到所需角度的平衡帆，再加上高超的使帆技术。

三国东吴太守万震著有《南州异物志》曰：“外徼（jiao）人随帆大小或四帆，前后沓（ta）载之，有栌头木叶如牖（you）形长丈余，织以为帆。其四帆不正前向，皆使邪移相聚以取风吹，风后者激而相射，亦并得风力，若急则随宜减之，邪张相取风气，而无高危之虑，故行不避迅风激波，说所以能疾。”

《南州异物志》也描述了中国多桅帆船使帆的奥妙，涉及空气动力学。操帆的称“缭手”，操舵的称“舵工”，都需经验丰富的人担任。船在航行中帆、舵的紧密配合，就是“见风使舵”。

个别时候，帆索绞住，需人爬桅杆到桅顶整理帆索，有时也需爬桅杆“登高远望”海面，因古时没有望远镜。民船称能爬桅的为“亚班”（也写作“阿班”），当然，亚班的工作不只这些。在水上生活的人，从孩童时就练习爬桅杆。在太湖地区，过去桅杆爬得快慢还是比赛竞技项目。缭手、舵工的薪水可比船上一般的人高。

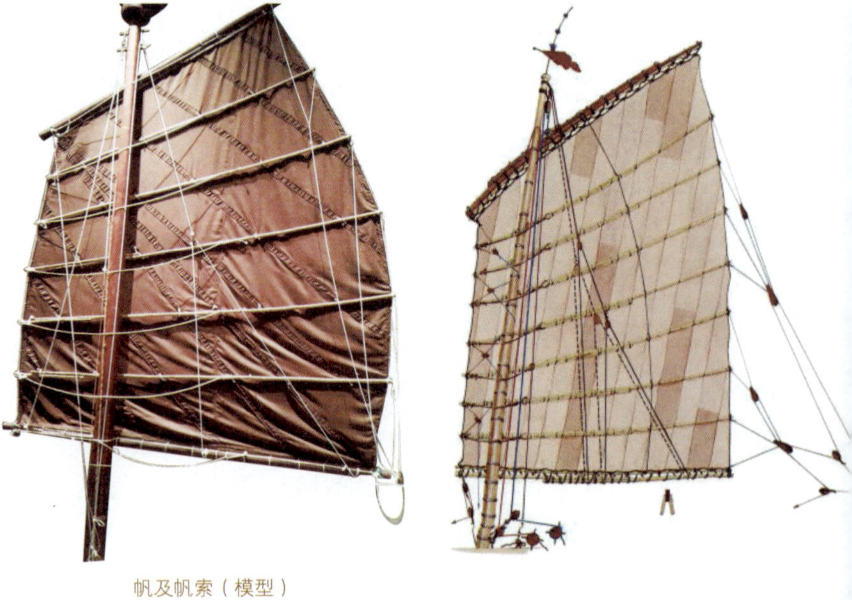

帆及帆索（模型）

清代徐扬《姑苏繁华图》卷中的爬桅

瑞典"哥德堡号"

收帆需多人爬上帆桁。

过去船上都配有较长柄的斧头一把，船遇特大风，帆一时又降不下来，万不得已时，只好忍痛割爱，用斧头砍断桅杆，至少可不翻船。现代各种船舶也配斧头，但船没桅帆了，不再是砍桅之用，应急时用斧头砍断系船的缆绳，此斧头称"太平斧"。

现代沙船升帆过程

沙船主桅帆开始升帆

沙船主桅帆开始上升

沙船主桅帆在升帆中

沙船主桅帆升帆时，两人正在操作

沙船在升起主桅帆和首桅帆之后

开汽车要把好方向盘，开船要掌好舵。明代黄省曾的《西洋朝贡典录》引民谚云："上怕七洲，下怕昆仑，针（指南针）迷舵失，人船莫存。"可见舵是多么的重要。中国在2000多年前的汉代就发明了船尾舵，至今世界各国船还在使用。

鱼游动时，直走转弯鱼尾都起了重要作用

舵在船尾，就如同鱼的尾鳍，鱼尾摆动，一方面可产生推力使鱼往前游，另一方面，当鱼尾鳍与鱼的身体呈直线，鱼会直游（此时靠其他鳍划水前进），鱼尾鳍左摆鱼身左弯可左转弯，鱼尾鳍右摆鱼身右弯可右转弯，当然，船体是固定的整体，是不可能弯的，但是船舶直航与转向的原理与鱼摆尾却有相似之处。

若在不考虑风、浪、流的因素干扰，船因主体左右舷是对称的，左图，舵与船中线平行，船没有受到侧向力的作用，此时船直航。中图，舵向右舷转动一个角度，因而水流对舵叶压力的分力是横向的，就好像推磨一样，使船头往右转弯。右图，由于船身右转，使船体相对于水流发生偏移，破坏了来流对船体的对称性，又产生了转船力矩，船向右转。

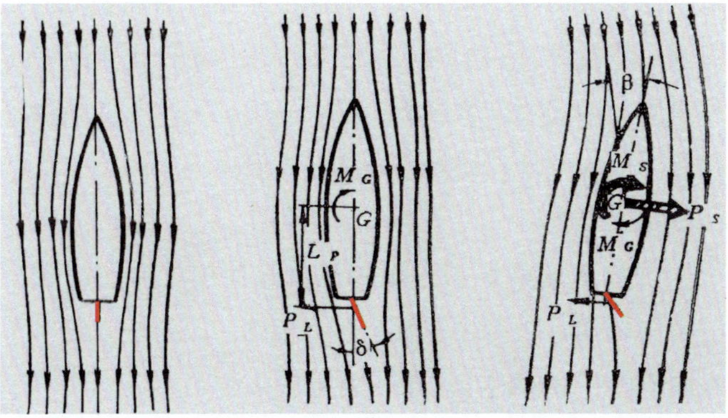

舵的作用示意图

福建丹阳船船尾的舵（模型，陈吕光制作）

在船上，船长若发出“左满舵！”指令，舵工必须马上回答“满舵左！”，并立即朝左打“满舵”。

木帆船的讯号

1. 旌旗

在古代，大多数船上都配置旌旗以进行联系交流。简易的摆渡小划子、私人的小渔船、货船和某些船舶则不一定配置，军船、官船多配置，来往于各国之间从事贸易的商船一般也都配置，一些私人的大渔船也有挂旗子的。此外，还有“篷语”等简单实用的土办法进行联系交流。

西周末期的兵书《军政》就有使用旌旗的记载：“言不相闻，故为之金鼓，视不相见，故为之旌旗。”最迟不晚于战国时期，船上就配置旌旗了。

北京故宫博物院馆藏战国铜壶、成都百花潭中学

战国青铜器上战船上的旌旗

明代艟艄船上可见旌旗

出土的战国铜壶和河南省汲县山彪镇出土的战国铜鉴，上面的水陆攻战纹饰，都绘出了旌旗。

明代茅元仪著的《武备志》云：“以金鼓旗幡为进退之节。”

戚继光兵书《纪效新书》有“耳听金鼓，目视旌旗”的要求。他还立下军规：“凡失旗鼓旌节者，全队斩。”

汉武帝乘坐的楼船有“旗帜加其上，甚壮”，这里的旗子主要还是讲排场，起装饰作用。

而军用船舶的旗子，还代表着相应的级别。

旗子也有指挥、联络功能。宋代人用旗指挥战船作战：“诸军视大将军之旗，旗前亚，闻鼓则进，旗立，闻金则止，旗偃即还。若先锋游奕等为贼所围，亦需外援，则视大将赤旗向贼点则进，每点一船进；旗前亚不举，则战船徐退，旗向内点，每点一船退。”

旌旗对于战船来说，是语言命令的传递手段之一，不同的主将在旗子使用时，会有一定的区别。

如果船首设门旗，必是主帅的座船。门旗相当于陆地的辕门，门旗以里即军机处，擅闯门旗者可推出去杀头。

门旗图案各有特点。据《钦定四库全书》记载：宋代门旗图案是神人像；元代的图案是身穿盔甲执戈的武士；明代是用金色书写的“门”字。

古代大型战船，在主桅及首桅上有望斗，主桅在斗内有两三位兵士，首桅一般是一人，称为“斗兵”，负责观敌瞭（liao）哨，察看海面，及时发现敌情。敌近，则以石块、弓箭、犁头标居高临下杀敌。

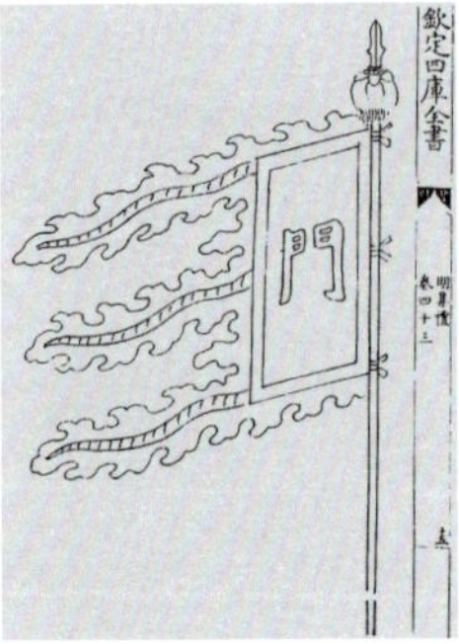

《钦定四库全书》中的门旗

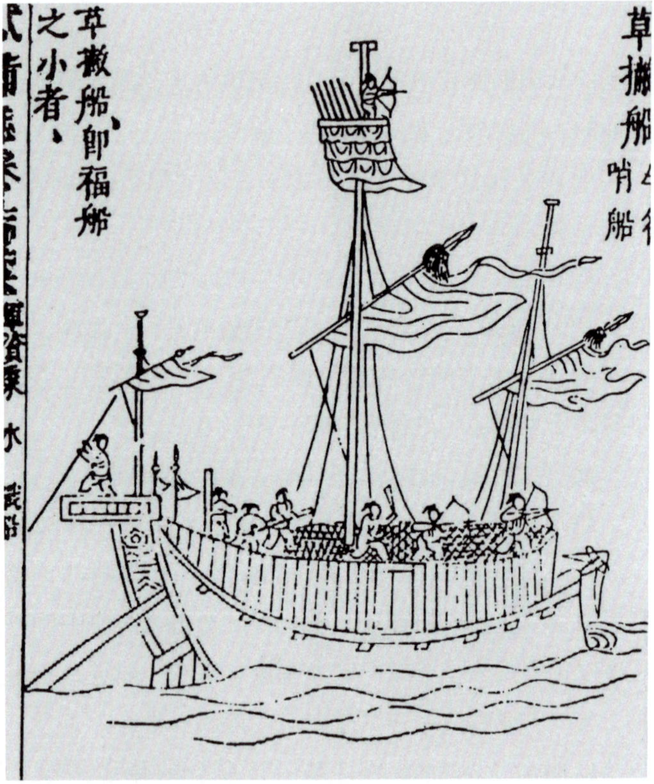

明代茅元仪《武备志》中草撇船主桅上设望斗

古代人们把运粮食称“漕运”，把运粮的船称为“漕船”。清代《青帮通漕汇海》记载，漕船“进京打龙旗，出京打凤旗”。从漕船打的旗子，就可推测出该船是进京城还是出京城。

现代商船船首是航运公司的旗子，船尾是国旗。古代的中国船不是这样配置。以明末清初为例，航行于日本及东南亚的中国籍商船，船头挂的是大红旗和红号带，可见明末清初的《唐船之图》。

明末清初中国商船首桅杆上悬挂红旗和红号带

后来的平放式鼓

2. 鼓和锣

俗话说“旗鼓相当”，是指古代作战时，旗子和战鼓所起到的作用同等重要，后来比喻为势均力敌。

古代，指挥作战的将领的号令是击鼓冲杀，鸣金（早期为铎，后用铜锣）则退却或收兵。

早期战鼓是竖着用

南澳1号出土的明代铜锣

国家博物馆珍存的铜锣

3. 灯具

船上要配灯具，一是照明，二是作为信号。不同时期，不同的船，灯具放置位置和形制有所区别。

清代船上的船用灯

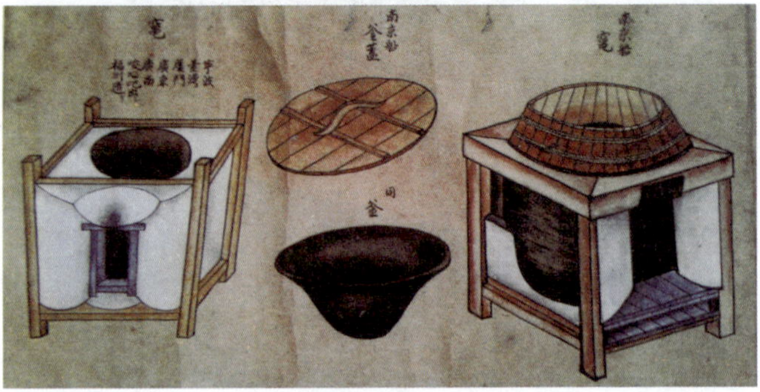

较大的船用的灶和锅

船上还要配有锅、碗、瓢、勺、水柜、灶等。明代陈侃的《使琉球录》说册封舟“水十四柜，海中惟甘泉为难得，勺水不以惠人，多备以防久泊也”。海水苦涩不可饮，需带淡水，小船有的以竹筒装淡水。从《宣和奉使高丽图经》记载看，至少在宋代大船已经设有水柜。书中曰客舟“前一舱不安艎板，惟于底安竈与水柜”。明代郑和七下西洋时，专门配置了水船。

广东渔民用的马灯、罩子灯

船上使用的灯具（中国港口博物馆供稿）

木帆船的停泊

没有只走不停的船，船停靠在某处，称“泊”船。不是任何地方都能停泊船的，如有的地方底部是稀泥，船易“胶住”脱不开身，就好像人掉入烂泥潭一样。“盖海屿虽卑而水中尚多岩峦，又有泥沙如堤阜，皆能败舟；且山上回飚，亦能嘘噏其舟而胶之。及已泊之后，忧恐潮汐往来及戕风（暴风）猝至，故湾中有不

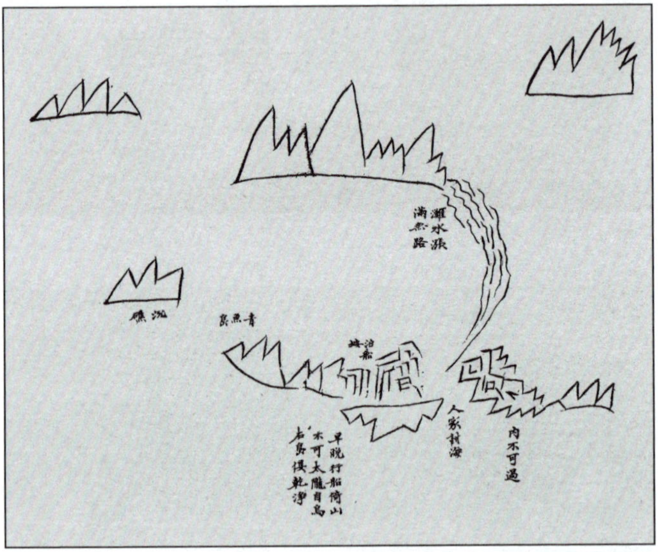

清代佚名《古航海图》之一（山东 里岛湾、桑沟湾间）

青鱼岛：（东）沉礁……（西面泊船埯）……（南）滩水涨满无路。

泊船埯：人家讨海……（西）内不可过……（北）早晚行船倚山，不可太陇，自乌石岛俱干净。

测深锤

用测深锤探知水深叫“打水”。打水还用于了解海底情况以确定能否在此抛锚。

可藏舟之处。”即使遇到避风港，也必须知风向。《台海使槎录》说：“澎湖湾船之澳有南风、北风之别；时当南风误湾北澳，时当北风误湾南澳，则舟必坏。”也就是说，刮北风找靠北的避风港，刮南风找靠南的避风港，要了解风的规律而泊船。

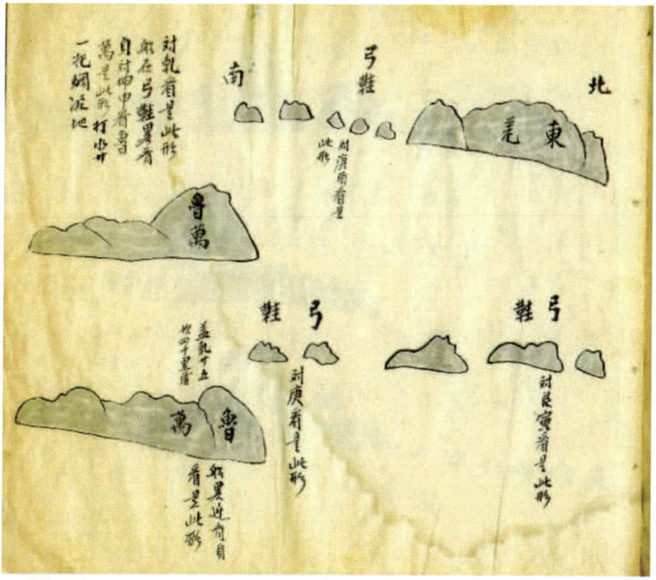

《清代东南洋航海图》之一

东羌（北）。（西）弓鞋：对庚酉看是此形。

弓鞋：对艮寅看是此形。

弓鞋：对庚看是此形。

（弓鞋）南：鲁万。

对乾看是此形。船在弓鞋略看，身对坤申看鲁万是此形，打水廿一托，烂泥地。

鲁万：盖乾廿五坎，四十里虚。船略近看身看是此形。

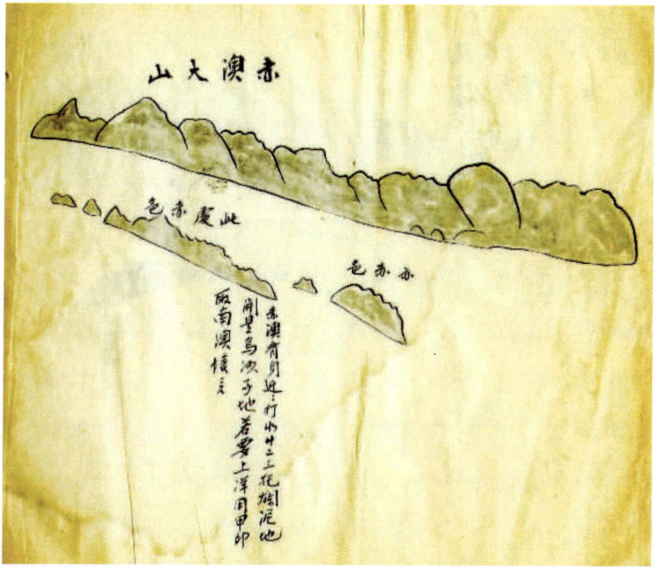

赤澳大山：（西南）此处赤色。（南）亦赤色。

赤澳有身近，打水廿二三托，烂泥地。开是乌沙子地。若要上洋，用甲卯取南澳𡋯头。

也有例外，《台海使槎录》书中举了个例子，当时清官军与据守澎湖的都督刘国轩作战，“癸亥兴师，正当盛夏南风大震之后，伪都督刘国轩将战舰尽泊南风澳，时我师到澎，舟尽泊北风澳；国轩得计，谓可弗战而胜也。岂知天眷，忽北风大作，我师舟楫无损，而伪敌连艅（zong）覆没，因得乘时进攻，克取澎湖。”这算是刘国轩运气太差，天不作美。

船遇大雾抛锚时，视野有限，为避免发生撞船事故，船上配有铜钟，也叫“雾钟”，声音清脆响亮，传得较远。遇有大雾，停泊的船舶便定时敲钟，提醒过往船只注意。

古船的人员编制

无论是大型战船还是货船，一旦出海，同舟共济，都必须听船长的指挥。分工明确，各尽职守。

以货船为例，人员大概编制如下：“南北通商，每船出海一名（即船主）、舵工一名、亚班一名、大缭一名、头碇一名、司杉板船一名、总铺一名、水手二十余名或十余名。通贩外国，船主一名；财副一名，司货物钱财；总捍一名，分理事件；火长一正、一副，掌船中更漏及驶船针路；亚班、舵工各一正、一副；大缭、二缭各一，管船中缭索；一碇、二碇各一，司碇；一迁、二迁、三迁各一，司桅索；杉板船一正、一副，司杉板及头缭；押工一名，修理船中器物；择库一名，清理船舱；香公一名，朝夕焚香楮祀神；总铺一名，司伙食；水手数十余名。”家庭的小渔船、小型战船就没那么复杂。

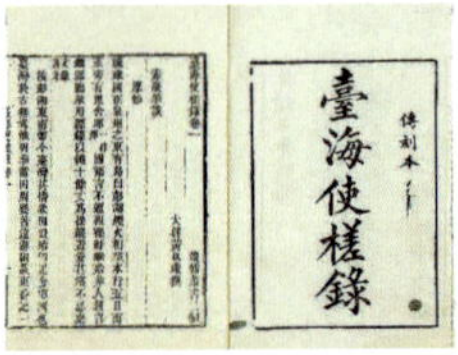

清代黄叔璥《台海使差录》书影

木帆船的保养

船航行归来，要进行保养。一是燂船，即是把船拖上岸，用茅草将船外壳着水的板烧一烧，燎一燎。因为船在海水中航行，会有蚌壳类微生物附于船壳板，时间越长，附着越多，增加了船的阻力，船就跑不快，必须清除附着物，此工序就称为“燂船”。二是船到一定时候需重新捻缝，挖补坏朽的船板，再涂刷桐油。三是帆篷该补的补，该换的换，所有构件都需重新检查。

在广东阳江东平的大澳渔村，燂船一般是选在夏秋季节，往往是在淡季休渔转入旺季出海打鱼的前夕。在某个风和日丽的“好天”，“这天一大早，大工（船长）用竹篮挑着祭品，如猪肉、鸡等，到海神庙（或娘嬷庙、妈祖庙、天后宫），或罟寮（海边放置渔网的小屋）烧香禀告之后，要举行相应的仪式活动。

这天的工作只有两件：一是有经验的老渔工在海边修船补网，用刷子把船底下的寄生物刷洗掉；二是年轻的渔工负责买山草、买菜、杀鸡，准备聚餐。傍晚，老渔工们在海边点燃买来的山草，用长长的竹篙插着，在船底燎烧，这就是“燂船”。船燂完了，由大工捧着“三牲”（祭品）拜“船头公”，先在船头贴上写有“顺风得利，鱼虾大汛”之类的吉利纸条，摆好祭品后，大工便口中念念有词地祈祷，大概意思是“船头向东，顺风顺水；船头向西，白鲳三鳢；船头向南，大包大揽；船头向北，百无禁忌。”“船驶八面风，面面吃无攻（吃不完的意思）”。祝颂完了，放炮竹，“便依次再拜祭海神庙和网寮”，然后吃饭喝酒。乘酒兴，渔歌对答，其乐融融，到深夜乘兴而归。聚的餐，要有意剩下些，各自分点带回，表示“有余（鱼）有剩”。第二天清早便起航。在渔民看来，这样可以驱邪。

明代规定：官方用的战船用松杉造的3年一小修，5年一大修，10年更造，即用到10就报废造新船；普通船是3年一小修，6年一大修，10年更造。清代规定：“外洋巡缉，额设大小米艇一百五十只，捞缯船三十六只，大八桨船十只。”“其船每届三年小修，再三年大修，再三年拆造。”

象征吉祥的符号

龙是中华民族的图腾，被认为神通广大，无所不能。广东、广西、福建、浙江船的船首两侧，都有“龙目”，寓意从船一下水，红布揭开，船已经具有灵性，能逢凶化吉，平安归来。龙舟在下水时，还有点睛、梳洗打扮的仪式。官船货船，龙目的黑眼珠朝前方看，渔船的则朝前下方看。有的文献说，船有龙目后，水怪以为是同类，就不再捣乱。只有清代福建的八桨船两侧绘的是“风眼”。沙船则基本无龙目。

“金太平号”船首的龙目及尾部彩绘

“金全胜号”船首的龙目及尾部彩绘

“鉴真号”木帆船彩绘
（舟山岑氏木船坊建造）

清代福船船首雀舌图

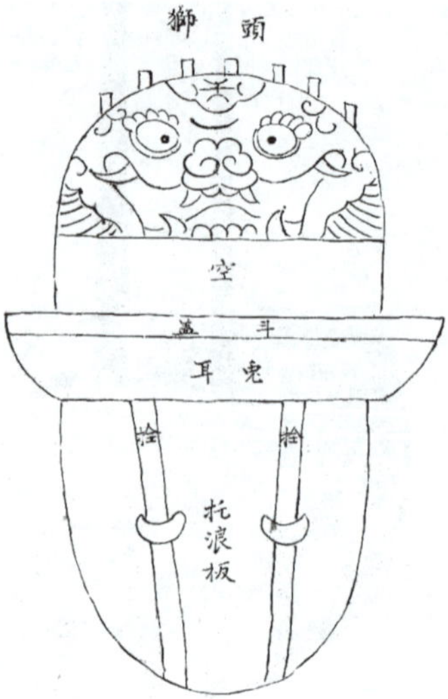

清代福船船首狮头图

在福船尾两侧，多绘有泥鳅。泥鳅称“土龙”，传说泥鳅曾经救过船上人的命，化险为夷，所以泥鳅也作为尊神。

船首最上边的横向船板，称“斗盖”“雀舌”（雀舌上绘狮头，下绘海浪），多是龙头、虎头、狮头像。有老虎口的福船，狮头像在老虎口上方。有的是“鹢”头像，鹢是古代传说中的一种吉祥而又勇猛的神鸟。晋王濬做大舰“又画鹢首怪兽于船首，以惧江神”，船头的图案，多是象征威武的图案。

福建民船船首彩绘的一种

福船有的在斗盖下面的首封板绘以海浪托红日，象征迎着朝阳进发。

船尾封板最上的横板称“斗机板”，彩绘以大鹏展翅为最多，尾封板其他部位，绘有如意草、花卉、人物等。或表示航海不屈不挠的奋斗精神，或表示美好的祝愿，或彩绘典故，如“八仙过海”“木兰从军”等。

船尾彩绘图

福建民间小船窗上的彩绘

福建花屁股船尾彩绘

福建船尾彩绘一种

祭祀缅怀先人

当风和日丽，海面平静，帆船鼓帆而行，疾如骏马，但一旦老天变脸，狂风怒涛，电闪雷鸣，大雨倾盆，船在漫无边际的大海中航行，便很容易出事，甚至船毁人亡，有的航海者葬身大海，走上了不归路。为了祭奠亲人，便出现了“放河灯”“祭王船”“送彩船”“烧王船”以“鸡黍祀沙”的习俗。据北宋《宣和奉使高丽图经》记载，出使高丽的客舟、神舟船队在经黄河入海口的黄水洋时，“舟行至此，则以鸡黍祀沙，盖前后行舟过沙，多有被害者，故祭其溺死之魂云”。在辽宁盘锦等很多地区，每逢农历七月十五，有放河灯的习俗。福建厦门有的地方，有“祭王船”的习俗，祭王船也称“送彩船”。农历八月初八为“王船”下龙骨，十月下旬送“王船”。“王船”漂至台湾，在台湾变成烧“王船”。琉

清代台湾地区的烧王船

彩船前冥币堆如山

闽南地区的送彩船

球、马来西亚也有相同的习俗。祭王船，祭亡灵，黄昏才开始拜祭，烧的香从门前一直插到沙滩。所有这些都是对因出海丧生的亲人的祭奠、悼念与缅怀。

侨批联结着乡情

侨批，就是海外侨胞与自己亲人往来的书信与汇款凭证。

漂洋过海的中华子孙，即使是客居异国他乡，也有特别的故土情结，如果说船是架起“海上丝绸之路”的桥梁，那么“侨批”就是联系这种情结的纽带。

THE OVERSEA-CHINESE BANK,LIMITED.
華僑銀行有限公司
Exchange for ... Singapore 20TH: DECEMBER 19
On Demand pay this ... of Exchange (Second unpaid)
to the order of ... 乾茜
the sum of Dollars ... 厦门通用银币伍佰元
Amoy Currency) Value received
For THE OVERSEA-CHINESE BANK LIMITED.
To The Oversea-Chinese Bank Limited
Amoy.
Manager
Accountant
此票向厦門華僑銀行支領
NULL

来自新加坡的侨批之一（黄清海先生提供）

来自新加坡的侨批之二（黄清海先生提供）

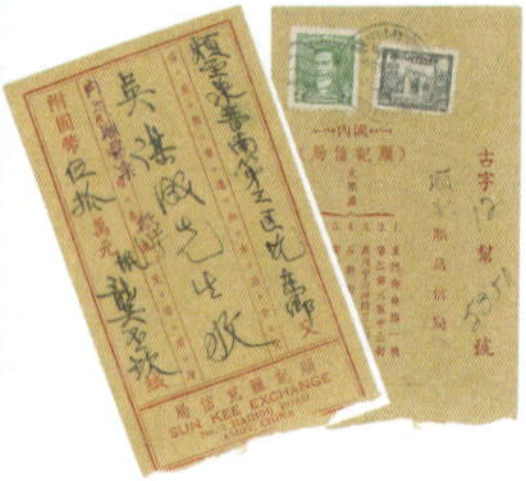

来自菲律宾的侨批
（黄清海先生提供）

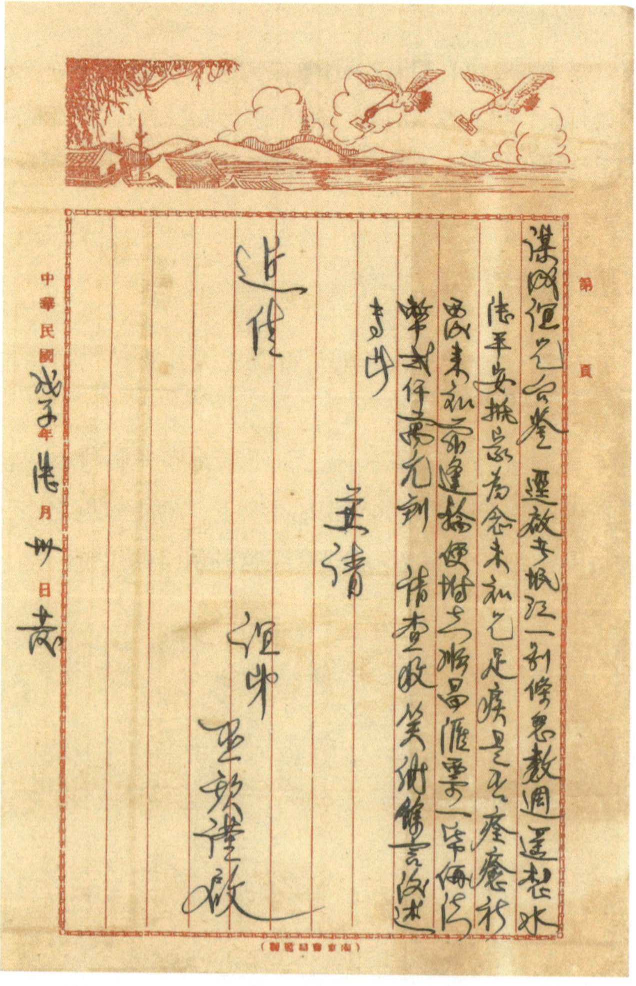

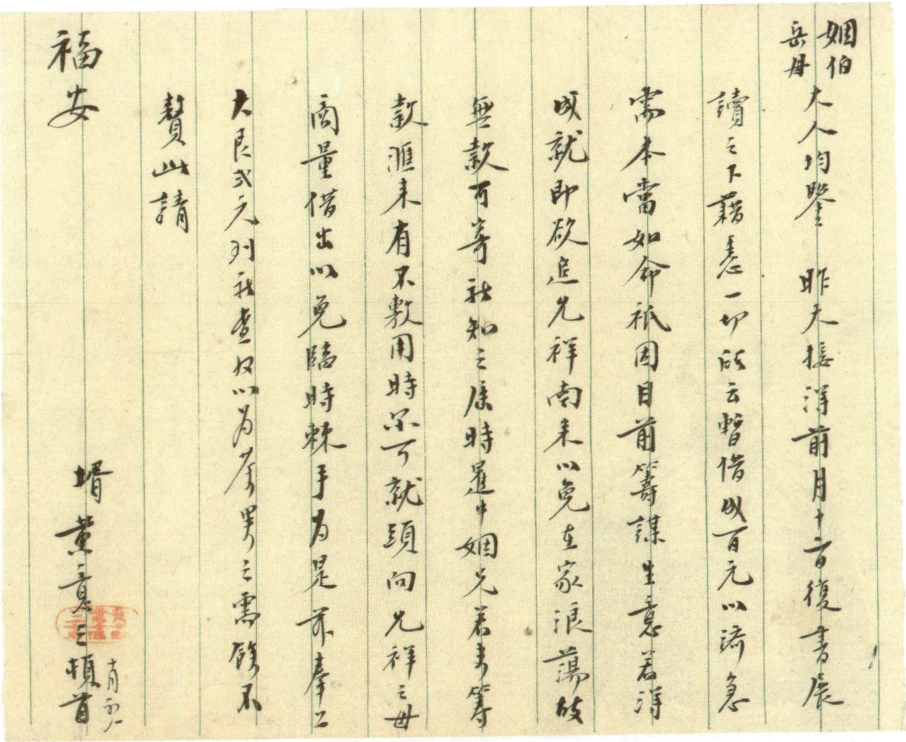

姻伯岳母大人均鉴：昨天接得前月十六日复书，展读之下藉悉一切，所云暂借贰百元以济急需，本当如命，祗因目前筹谋生意，若得成就即欲召先祥南来，以免在家浪荡，故无款可寄。讵知之康时[illegible]姻兄若来筹款汇来有不敷用时，尔可就头向先祥之母商量借出，以免临时棘手为是。前奉上大银贰元，列我查收，以为[illegible]男之需，余不赘此请
福安
婿黄[illegible]之顿首 六月初八

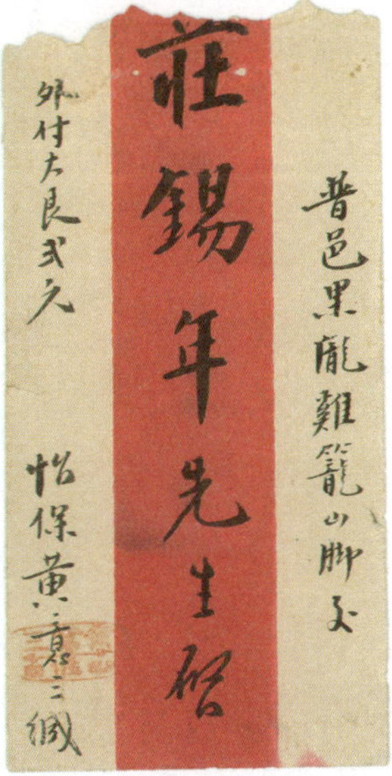

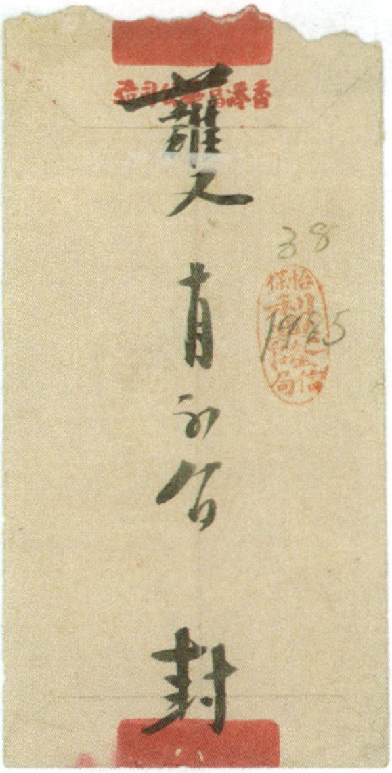

来自马来西亚的侨批（黄清海先生提供）

『海上丝路』大事记

秦代徐福东渡

徐福为秦代方士，始皇廿八（前219）年及卅七（前210）年先后两次奉派渡海，求蓬莱瀛洲等仙山的长生不老药，后得“平原广泽，止王不来”。其地点有认为是亶洲，或考证在日本。日本有蓬莱山名，存有徐福墓、祠。

无论史事考证如何，“徐福东渡”已成为中国古代对外航海交通历史的肇始。

日本的徐福雕像

日本的徐福公园

西汉开通远洋航线

据《汉书·地理志》记载，大约与张骞由陆道通西域同时，西汉已有远行船舶从日南（今越南中部）或广东徐闻、广西合浦出发，经东南亚的都元、邑卢没、谌离、夫甘都卢，抵达南亚的黄支国（今印度东南岸的

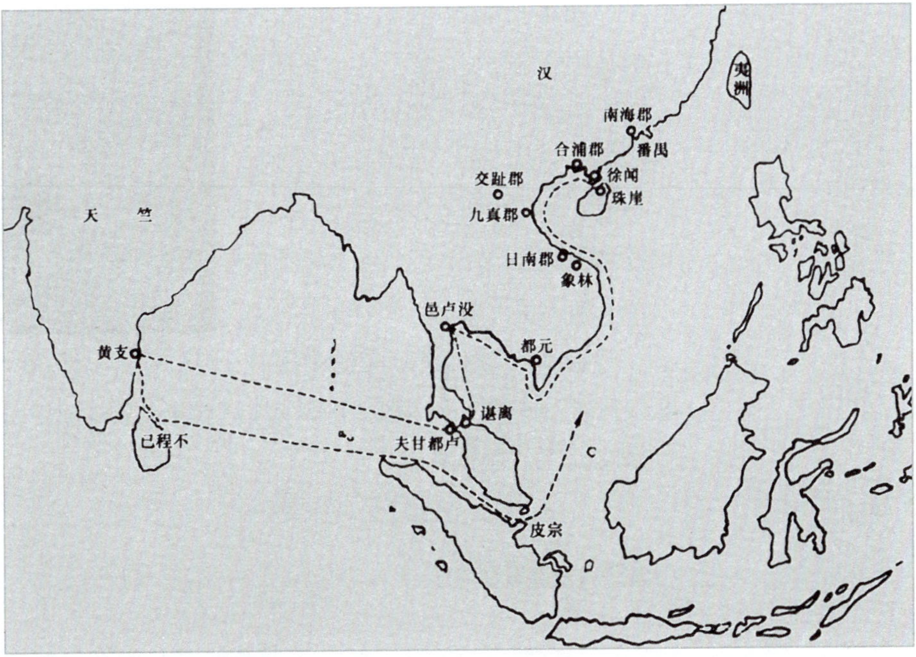

西汉“海上丝绸之路”航线示意图

康契普腊姆，Konchipram），回程经过已程不国（今斯里兰卡，Sri Lanka）。

《汉书·地理志》所载，是中国正史所记国家船队最早的向西远洋航线。西汉中国的舟船驶往印度洋，可谓开通远洋航线的“海上丝绸之路”之创举。

东汉大秦东使

东汉桓帝延熹九年（166），大秦（古罗马）王安敦遣使者来华。当时已记有中国与大秦通交的路程。

三国康泰南交

《外国传》现代版本书影

距今1760多年前，三国东吴的孙权曾派专使康泰、朱应出使扶南。扶南是以今柬埔寨为中心的古代南海大国，康、朱等人在该国还会见了天竺（印度）使者，了解印度乃至西亚的国情，归著《外国传》和《扶南异物志》。

这是史书明确记载的中国首次派遣专使与南海诸国交往的大事，其意义实不亚于张骞及班超之通西域。

东晋法显取经

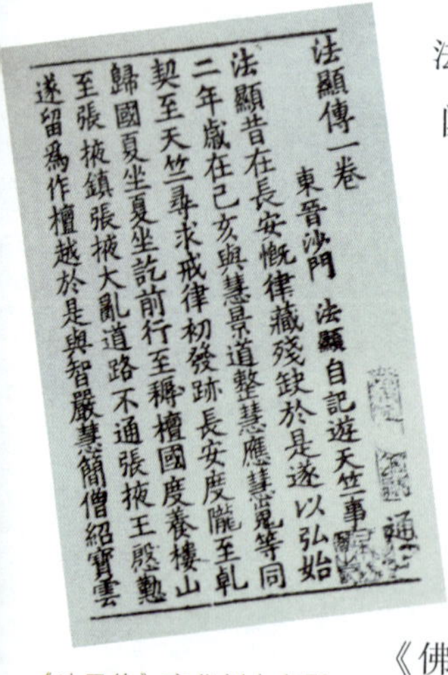
法顯傳一卷
東晉沙門 法顯自記遊天竺事
法顯昔在長安慨律藏殘缺於是遂以弘始
二年歲在己亥與慧景道整慧應慧嵬等同
契至天竺尋求戒律初發跡長安度隴至乾
歸國夏坐夏坐訖前行至耨檀國度養樓山
至張掖鎮張掖大亂道路不通張掖王殷懃
遂留爲作檀越於是與智嚴慧簡僧紹寶雲

《法显传》宋代刻本书影

自两汉之际佛教传入，高僧来华传教及西行求法之举渐多。魏晋间，朱士行早已西游，但只到于阗，未出中国之境。后秦代弘始元年（东晋隆兴三年，399），法显由长安出发西游求经，历尽千辛万险，遍游五天竺。本来有同伴十一人，最后唯独法显一人携经东归，由海路经师子国（今斯里兰卡）和耶婆提（在今印度尼西亚），于东晋义熙八年（412）返回中土，漂泊至青岛崂山（古青州长广郡牢山）附近登陆。

法显在外十三四年，经过陆路、海路，归著《佛国记》，这是中国高僧至印度并留有完整行记的第一人。

法显崂山登陆纪念雕像

法显是海上丝绸之路的奠基人和见证者。

唐代义净西航

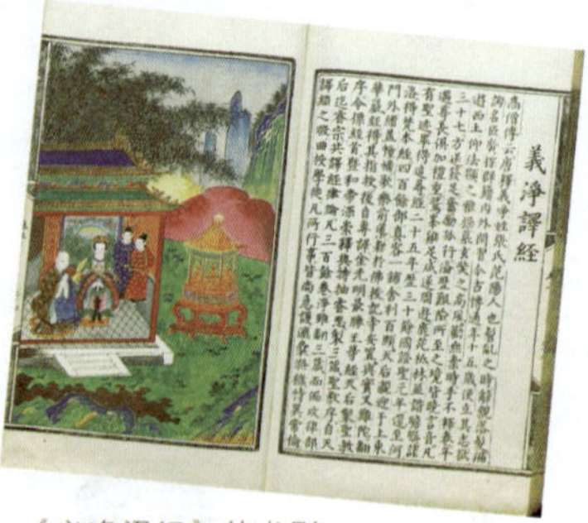

《义净译经》的书影

唐高宗咸亨二年（671）至武周证圣元年（695），高僧义净经由南海至印度，并长期在室利佛逝（以今苏门答腊为中心的古代南海大国）译述，著《大唐西域求法高僧传》和《南海寄归内法传》，晚年于洛阳翻译佛典。

以西游行程论，玄奘是陆去陆回，义净则属海往海返，其成就比起法显、玄奘，实不遑多让。

唐代鉴真赴日

法显、玄奘、义净为西游取经的高僧，鉴真则属东渡播教的代表。鉴真原为扬州龙兴寺和大明寺的授戒大师，应日僧之邀决意东向传法。从唐玄宗天宝二年

为唐代鉴真和尚东渡造船的场景

（743）至十二年（753），他在10年中先后5次渡海均失败，最后至双目失明才于第6次成功，终达夙愿。

鉴真被日本尊为“大和上（尚）”，曾亲为天皇及王公大臣授戒，又为东国带去大量先进的文化物品。

日本著作《唐大和上（尚）东征传》歌颂鉴真“如一灯燃百千灯，瞑者皆明，明明不绝”。

日本仿制的遣唐使船模型

唐代圆仁入唐

唐代既不乏西游印度取经和东渡日本授法者，也有大量日本学问僧西游入唐学法。其中之佼佼者，为留有《入唐求法巡礼行记》的圆仁。

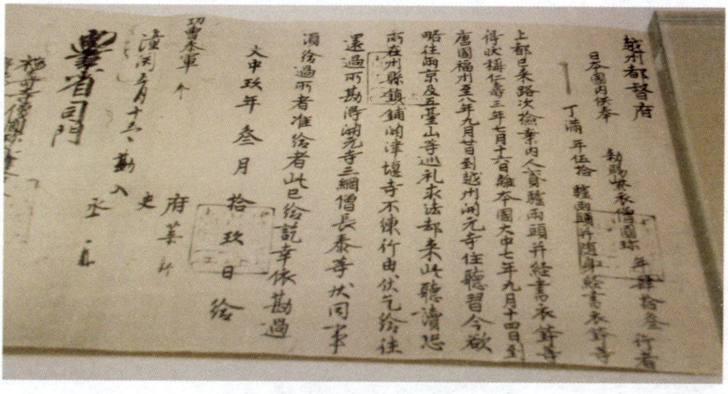
日本和尚圆珎、行者丁满来中国学习时的通关文牒

圆仁在日本承和五年（唐文宗开成三年，838）随遣唐使船入华，在10年间足迹遍及今江苏、安徽、山东、河北、山西、陕西、河南诸省，最后于承和十五年（唐宣宗大中二年，848）归国。

圆仁的行记弥足珍贵，更因其亲身经历并记述“武宗灭佛”而使该书成为中国佛教史不可多得的史料。

日本留学僧后期乘坐的遣唐使船

宋代奉使高丽

指南针（或罗盘）是中国的四大发明之一，最早以其导航，应在12世纪初年的北宋，见朱彧的《萍洲可谈》一书："舟师识地理，夜则观星，昼则观日，阴晦观指南针。"

《宣和奉使高丽图经》书影之一

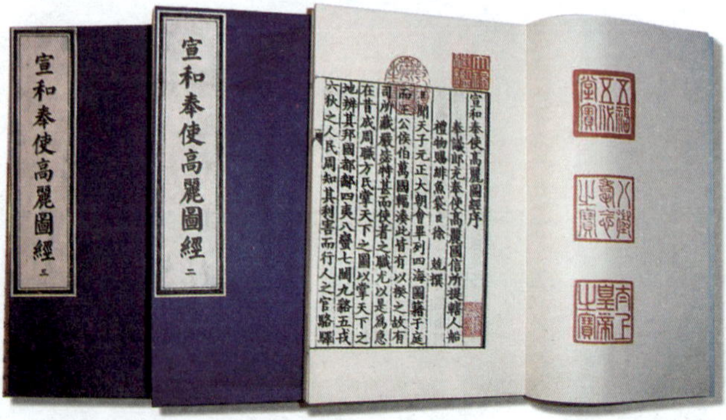

南宋赵汝适的《诸蕃志》和吴自牧的《梦粱录》也有指南针的相关记载，又作"针盘"。

北宋宣和五年至六年（1123—1124），朝廷派路允迪出使今朝鲜半岛的高丽国。其随员徐兢归国后著《宣和奉使高丽图经》。

该书记载海船由明州（今宁波）出发，航行中用"指南浮针"，这是用罗盘导航的最早的完整航线记录。另书中提及海中遇险而赖海神佑护诸事，也是后来妈祖被赐封的缘由。

《宣和奉使高丽图经》书影之二

元代汪大渊航海

除了西方航海家外，元代本土外游的旅行家也不乏其人。其中远航世界的重要史事，首推汪大渊及其《岛夷志略》。

汪大渊约于元至顺元年（1330）由泉州港（古称刺桐港）第一次浮海，数年后返回；顺帝至元三年（1337）左右再次浮海出国，归来后于至正九年（1349）撰写游记《岛夷志略》。

《岛夷志略》的特点有二：亲历，广泛。其条目标有96个域外地名，全书更多达220多，为宋元以来的海外交通史、华侨史提供了许多第一手的资料。

元代汪大渊
《岛夷志略》书影

元代汪大渊始发港——刺桐港今貌

图中的泉州东西塔建于宋代。

明代郑和下西洋

明初，三宝太监郑和率船队下西洋，是中国古代航海史上的大事。

郑和雕像

从永乐三年（1405）至宣德八年（1433），郑和船队先后七次航向西洋（从南海西部至今印度洋），最远

郑和船队乘风破浪航行

到达东非东南沿岸。

其船队规模，以首次下西洋为例，即有大舶62、士卒27 800多人。据《郑和航海图》（全称《自宝船厂开船从龙江关出水直抵外国诸番图》），其所录地名500多个，外国的占300多个。

若联系到明洪武廿二年（1389）绘成的《大明混一图》已画出非洲南部的大三角，则当时中国人的航海技术已处于世界领先的水平。

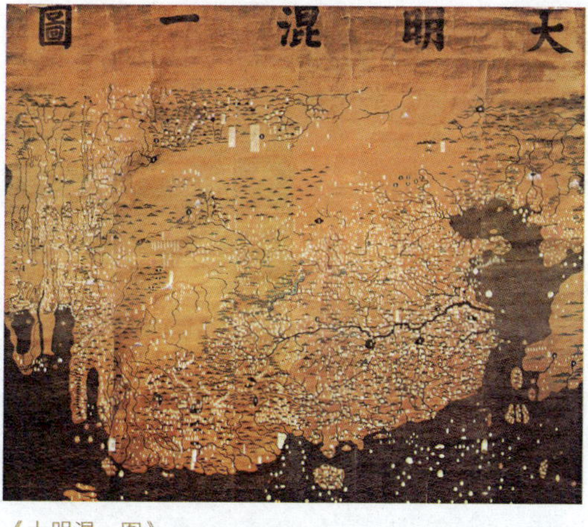

《大明混一图》

明代长乐《天妃灵应之记》碑

碑文详细记载了郑和七次下西洋的时间和访问的亚非国家。

郑和下西洋的船队，有大宝船、粮船、水船、5000料巨舶、2000料战座船、大八橹船、二八橹船、三板船等。

哥伦布船队首航是1492年，船队有3艘船，旗舰“圣塔玛丽亚号”排水量约250吨，船员86人。

达·伽马船队开航是1497年，船队共4艘船，旗舰“圣卡布利埃尔号”排水量约400吨。达·伽马两度以占领者总督的身份到印度，后死于瘟疫。

麦哲伦船队是1519年开航的，船队有5艘船，总排水量不足500吨，旗舰“特立尼达号”排水量110吨，出发时265（有说是276）人，回到始发地只剩18人，后麦哲伦因为干涉内政被土著杀死。

郑和下西洋，比哥伦布到达美洲大陆早87年，比达·伽马航行到印度早92年，比麦哲伦环球航行早114年。

明代计算单位“料”

1料=71.616千克

1000料=71.616吨

2000料=143.232吨

5000料=358.08吨

即2000料船的载重量约143吨，5000料船的载重量约358吨（这里是讲船的载重量，不是船的排水量。船的排水量比船的载重量大）。

郑和下西洋船队中大宝船、粮船、战船（模型）

下西洋造海船

郑和出使西洋诸国船队的船舶，主要是福船，显然福建的造船大师们成为造船的主力。国内一些地区的船厂也承担了船舶的建造任务，而南京是建造宝船的主要

基地，还专门建了规模可观的南京宝船厂。

福船、广船、沙船和浙船也是明代主要的海上战船，不仅在海外贸易而且在抗击侵略者、维护国家海洋领土完整中，都立下了丰功伟绩。

明代利玛窦来华

明神宗万历十年（1582），意大利耶稣会士利玛窦抵华。

利玛窦原名叫玛太奥·利奇（Matteo Ricci），30

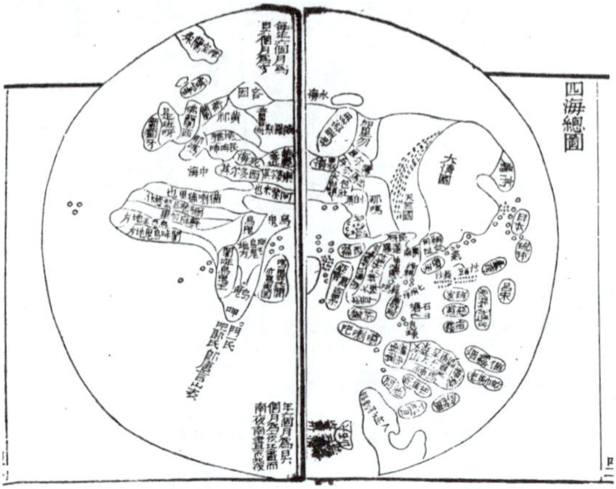

清代陈伦炯《海国闻见录·四海总图》

其圆形的构图及内容已明显受到西方地理学的影响。

岁从神学院毕业，被耶稣会派到中国来传教。为了便于同中国人交往，他刻苦学习中国的语言、文字和古代文化，换上了中国的服装。

利玛窦

利玛窦将其一生奉献给了中国，1610年5月11日病逝于北京，万历皇帝赐葬于平则门外二里沟。

利玛窦让隔绝已久的东西方获知了对方的消息，正是他的来到，基督教在华传播开始了一个新的历程。

利玛窦带来了当时世界先进的西方文明，特别是地理知识。1584年，由利玛窦绘制完成了《山海舆地图》——这是中国历史上第一幅近代意义上的汉文世界地图。

利玛窦晚年在徐光启的鼓励和帮助下翻译了《几何原本》，其中描述几何的点、线、面、相交、相似等数学词汇，一直沿用到400多年后的今天。

清代樊守义使欧

樊守义（1682—1753）的《身见录》，叙述了康熙四十六年（1707）作者随西欧修士艾若瑟（本名Joseph-Antoine Provana，汉名艾逊爵，字若瑟）西行，由澳门经南洋至南非，旋至南美巴西等地，再往西欧各国，谒见罗马教皇，后于康熙五十九年（1720）回国，并著此游记。

该书是古代中国人最早赴欧美的完整游记，对西欧天主教之叙述尤其详细。

清代谢清高漫游

广东嘉应州（今梅州市）谢清高（1765—1821），18岁起就跟随外轮出洋，漂泊了14年，到过许多国家、岛屿，耳闻目睹了当地的风土人情。31岁时他双目失明，流居澳门，口述海外各地各国所见所闻，请人记录成《海录》一书。

《海录》内容有三类：一是大陆沿海各国，从越南到印度西北岸；二是南海诸岛；三是欧、美、非三洲诸地方。其中更用了1 900字介绍了大西洋国（葡萄牙）的疆域、港口、文武官制、建筑、宗教、礼节、婚俗、服饰、物产等。谢清高乃中国第一个以亲身经历介绍葡萄牙者。

因其在中国航海史上的杰出贡献，谢清高被誉为中国的马可·波罗，其《海录》也被认为可与马可·波罗的《马可·波罗行记》相提并论。

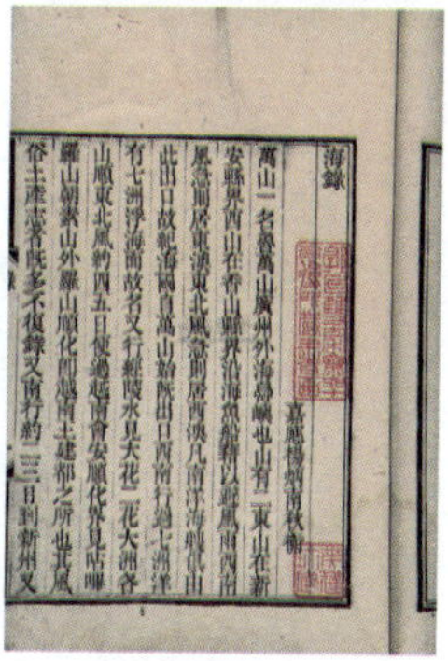

《海录》书影

参考文献

[1] （宋）徐兢. 宣和奉使高丽图经[M]. 北京：中华书局，1985.
[2] （北宋）沈括. 梦溪笔谈[M]. 长春：时代文艺出版社，2001.
[3] （明）郑若曾. 筹海图编·经略三·兵船[M]. 嘉靖年间刊本，1561.
[4] （明）王鸣鹤. 登坛必究·水战[M]. 万历年间刊本，1599.
[5] （明）茅元仪. 武备志[M]. 天启年间刊本，1621.
[6] （明）黄省曾. 西洋朝贡典录[M]. 北京：中华书局，2000.
[7] （明）巩珍. 西洋番国志[M]. 北京：中华书局，2000.
[8] （明）陈侃. 使琉球录[M]. 嘉靖年间刊本，国立北平图书馆善本丛书第一集，湖北省图书馆馆藏书籍.
[9] （清）屈大均. 广东新语[M]. 北京：中华书局，1985.
[10] 广西宜山县《观天看物识天气》编写组. 观天看物识天气[M]. 南宁：广西人民出版社，1973.
[11] 《水运技术词典》编辑委员会. 水运技术词典，古代水运与木帆船分册[M]. 北京：人民交通出版社，1980.
[12] 向达. 两种海道针经·海道针经·顺风相送[M]. 北京：中华书局，2000.
[13] 向达. 两种海道针经·海道针经·指南正法[M]. 北京：中华书局，2000
[14] 席龙飞. 中国造船史[M]. 武汉：湖北教育出版社，2000.

[15]] 王冠倬. 中国古船图谱[M]. 北京：生活·读书·新知三联书店，2000.
[16]] 中国大百科全书出版社编辑部. 中国大百科全书·考古学[M]. 北京：中国大百科全书出版社，2004.
[17] 辛元欧. 上海沙船[M]. 上海：上海书店出版社，2004.
[18] 杨槱. 帆船史[M]. 上海：上海交通大学出版社，2005.
[19]] 顿贺，孙箐，程雯慧，等. 宝船探秘[M]. 北京：科学普及出版社，2005.
[20] 金秋鹏. 中国古代造船与航海[M]. 北京：中国国际广播出版社，2011.
[21] 赵艳娟. 中国古代造船与航海[M]. 长春：吉林文史出版社，2011.
[22] 杭州萧山跨湖桥遗址博物馆主编. 跨湖桥文化国际学术研讨会论文集[M]. 北京：文物出版社，2012.
[23] 顿贺. 唐初日本赴登州遣唐使船船型探讨[C]. 海上丝绸之路与蓬莱古船·登州港国际学术研讨会论文集. 烟台：黄海数字出版社，2012.
[24] 陈佳荣，朱鉴秋. 中国历代海路针经[M]. 广州：广东科技出版社，2016.
[25] （日）石井谦治. 图说和船史话[M]. 东京：东京至诚堂，1983.

图书在版编目（CIP）数据

海上丝路之导航扬帆/顿贺编著. —广州：广东科技出版社，2017.6（2022.11重印）

（海上丝绸之路青少年科普丛书/王元林主编）

ISBN 978-7-5359-6731-2

Ⅰ. ①海… Ⅱ. ①顿… Ⅲ. ①海上运输—丝绸之路—中国—青少年读物 Ⅳ. ①K203-49

中国版本图书馆CIP数据核字（2017）第101582号

特别鸣谢

本丛书在编辑出版过程中，得到了周运中、何国卫、骏骅堂、崔策等先生和郑潍女士的大力支持，在此一并致谢！

海上丝路之导航扬帆 Haishang Silu Zhi Daohang Yangfan

出 版 人：朱文清
项目策划：丁春玲
执行策划：姚 芸
项目支持：崔坚志
责任编辑：姚 芸
　　　　　刘锦业
装帧设计：李 树
责任校对：陈 静
责任印制：彭海波
排　　版：广州市友间文化传播有限公司
出版发行：广东科技出版社
（广州市环市东路水荫路11号
邮政编码：510075）

销售热线：020-37607413
http://www.gdstp.com.cn
E-mail：gdkjbw@nfcb.com.cn
经　　销：广东新华发行集团股份有限公司
印　　刷：广州市东盛彩印有限公司
（广州市增城区新塘镇太平洋工业区十路2号
邮政编码：510700）
规　　格：889mm×1 194mm 1/32 印张3.5 字数70千
版　　次：2017年6月第1版
2022年11月第4次印刷
定　　价：33.00元